현재의 판결,
판결의 현재
1

일러두기

• 법조계와 학계에서 통용되는 법조항 표기는 '제1조 제1항 제1호' 식이지만, 일반인이 읽기 쉽도록 '제1조 1항 1호' 식으로 줄여 적었다.

• 대한민국 법원 홈페이지의 종합법률정보와 대국민서비스, 헌법재판소의 홈페이지에서 사건번호와 사건명으로 검색하면 판결의 내용과 결정 요지, 판례에 대해 상세히 알 수 있다.

현재의 판결, 판결의 현재

1

: 판결비평 2015~2019

참여연대 사법감시센터 지음

북콤마

새로운 사법 권력은 판결비평에서 나옵니다

이탄희 변호사(공익인권법재단 공감, 전 판사)

2019년은 우리 헌정사에 의미 있는 한 해로 기록될 것입니다. 우리는 특히 사법 개혁에 있어 중요한 변곡점을 지나고 있습니다. 전직 대법원장은 직무상의 범죄 혐의로 형사재판을 받고 있고, 현 대법원장은 70년간 유지되어온 법원행정처를 폐지하겠다고 약속했습니다. 국회에는 고위공직자범죄수사처를 설치하는 법안이 발의되어 신속처리 안건으로 지정되어 있습니다. 법안이 통과되면 70년간 검찰이 사실상 독점해온 기소권을 다른 기관이 분점하게 됩니다.

시대에 뒤떨어진 우리나라의 사법 체제는 이렇게 해체되어가고 있습니다. 시간이 좀 걸릴 수는 있겠지만 방향은 바뀌지 않을 것입니다. 그러면 그 후에는 어떻게 될까요? 판사와 검사들이 갑자기 공정한 대한민국을 만들기 위해 심기일전할까요?

아닐지도 모릅니다. 구질서가 사라진다고 저절로 새 질서가 자리잡지는 않습니다. 새 질서는 그것대로 따로 세워야 합니다. 권력에는 진공상태가 없습니다. 가만히 두면 구질서의 아류가 다시 그 자리를 차지할지 모릅니다. 저는 판결비평이 새 질서 형성에 매우 중요하다고 생각합니다.

엉뚱해 보이는 이야기를 하나 하겠습니다. 대법관은 헌법상 국회의 동의를 얻어 임명하게 되어 있습니다. 하지만 1948년 정부 수립 이래 대법관 후보자가 된 150여 명 중 국회의 동의를 얻지 못한 경우는 한 차례도 없습니다. 스스로 사퇴한 사례가 있을 뿐입니다. 그것도 한 번뿐입니다. 인준 거부율이 20퍼센트가 넘는 미국의 경우와 대비됩니다. 왜 그럴까요? 큰 이유 중 하나는 후보자를 평가할 자료가 부족하기 때문입니다. 30년 이상 수천 건의 판결을 선고한 판사에 대해서도 공개된 판결문이 거의 없습니다. 판결문이 없으니 비평도 부족합니다. 비평이 부족하니 후보자를 평가하기가 어렵습니다. 최고 법관으로서 자질이 있는지 알 수가 없습니다. 검증이 온통 경력과 재산 관계로만 쏠리는 배경이 여기에 있습니다.

이런 과정을 지켜보는 평범한 판사의 머릿속에는 자신에 대한 평가 요소가 '좋은 판결'보다 '좋은 경력'에 있다는 생각이 자리 잡게 됩니다. 판사의 경력은 인사권자가 만들어줍니다. 그런 판사는 재판받는 시민들의 평가보다는 법원 내 인사권자의 평가를 중시하게 됩니다. 사법 관료제는 이렇게 판사에게 시민들을 무시하라고 가르쳐왔습니다. 인권을 수호한다는 헌법적 사명보다는 조직의 이익과 조직 내 평판을 우선시하라고 강권해왔습니다.

그런 문화에 익숙한 판사는 변화가 두렵습니다. 2018년 5월 대법원은 전국의 판사들을 대상으로 설문 조사를 했습니다. 민사사건의 경우 70퍼센트, 형사사건의 경우 78.3퍼센트의 응답자들이 미확정 판결문의 공개를 반대했습니다. 반면 3개월 뒤인 2018년 8월, 비법관이 위원 중 다수인 사법발전위원회는 미확정 판결문 전체를 공개하라고 대법원장에게 건의했습니다. 신구 질서가 충돌하는 상황입니다.

이런 시점에 참여연대 사법감시센터가 2015년부터 2019년 상반기까지의 다양한 판결에 대한 비평을 모아 책으로 출간했습니다. 2014년에 출간된 판결비평 모음집 〈공평한가?〉에 이어 두 번째 책입니다. 참여연대가 처음 '판결을 판결한다'라는 제목의 온라인 법정을 열고, '판결도 비평의 대상이 될 수 있다'고 주장했던 때가 2002년입니다. 그로부터 17년의 시간이 흘렀습니다. 대법원이 전 국민을 상대로 판결문 열람용 컴퓨터를 단 4대만 사용하도록 허락하는 등 어려운 조건 속에서도 참여연대는 지치지 않고 꾸준히 판결비평 작업을 진행해왔습니다. 덕분에 시민들에게 '디딤돌 판결' '걸림돌 판결'이라는 어휘가 친숙해졌고, 언론사에 의한 판결비평도 확산되었습니다.

이제는 판결비평의 대중화가 필요합니다. 판결 비평에는 어떠한 자격도 필요 없습니다. 주권자이기만 하면 됩니다. 적어도 주권재민 사상을 표방하는 나라에서는 그렇습니다. 〈현재의 판결, 판결의 현재 1〉에는 특히 법률가와 교수뿐 아니라 활동가가 직접 작성해 시민들에게 좀 더 쉽게 읽히고 친숙하게 다가갈 비평문이 다수 실렸습니다. 참여연대 사법감시센터의 혜안이 돋보이는 지점입니다.

우리도 진정으로 좋은 법원을 가질 자격이 있다고 믿는 분들께 이 책을 권합니다. 좋은 판사가 많은 법원이 좋은 법원입니다. 시민들마다 좋아하는 판결 하나, 좋아하는 판사 한 명쯤은 기억하는 사회가 되어야 합니다. 그래야 비로소 요직과 경력을 좇기보다 좋은 판결 남기는 것을 영광으로 생각하는 판사들이 출현할 것입니다. 그들이 주류가 될 때에야 비로소 법조계에 새 질서가 자리 잡을 것이라 생각합니다.

이 책이 새로운 사법 권력 형성의 마중물이 되기를 기대해봅니다.

2017

2016

2015

더 많은 판결이 광장에 나오기를 바라며

최근 일제강점기 강제 징용 판결이 새삼 주목받고 있습니다. 일본 아베 정부가 한국에 대한 수출 규제 조치 방침을 밝히면서 이 판결을 구실로 삼았기 때문입니다. 사실 이 판결은 2018년 대법원이 일본 기업의 불법행위에 대한 '개인의 위자료 청구권'은 1965년 한일 청구권협정에 적용되지 않는다고 확정판결을 내렸을 당시에도 국내에서 뜨거운 관심을 받았습니다. 양승태 대법원장 시절의 사법 농단 사례로 거론되기도 했습니다. 박근혜 정권 당시 대법원이 청와대와 협의해 재판을 지연한 사법 행정권 남용의 대표적 사례였던 것입니다. 덕분에 이 판결은 많이 알려졌습니다.

하지만 2005년에 시작된 이 소송은 13년 8개월 동안 모두 5차례 재판을 거쳤는데, 피해자들이 어떤 이유로 패소하고 승소했는지 잘 알려져 있지 않습니다. 사람들이 판결문에 접근할 수 없기 때문입니다. 이 판결이 가져온 엄청난 파장이 보여주듯이, 판결은 누군가의 삶에 막대한 영향을 끼치기도 하고 결정적인 제도 변화를 이끌기도 합니다.

그런데도 세간에서 판결을 평가하는 게 꺼려지는지 보통 판결문은 공개되지 않습니다. 강제 징용 대법원 확정판결이 1심, 2심과 달랐던 것처럼 판결은 움직이는 것이기도 합니다. 판결은 박제된 것이 아니라 달라지는 시대상을 반영하는 것이기 때문입니다. 시민들이 수긍하지 않는 판결은 법봉을 땅땅 두드리는 것에서 종료되지 않습니다.

과거보다 많은 시민들이 법원의 판결을 비판적으로 바라보고 있습니다. 재판만 하는 줄 알았던 일부 판사들이 블랙리스트를 작성하고 정권에 부응하는 판결 방향을 공모했다는 사실이 밝혀졌기 때문입니다. 시민들이 양심에 따른 재판과 재판의 독립성을 온전히 믿고 의탁하기에는 사법 행정권 남용 사실을 가리고 은폐하는 데 급급했던 법원입니다. 재판을 할 자격이 있는지 의문이 드는 이들이 여전히 많은 사람의 운명을 좌우하는 판결을 내리고 있습니다.

그래서 참여연대는 줄곧 묻습니다. '판결은 누가 판결하나요?'라고. 판결을 판사의 전유물로만 두지 않고 공론 장에 올려야 한다는 고집으로 또 한 번 판결비평집을 발간합니다. 〈현재의 판결, 판결의 현재 1: 판결비평 2015~2019〉는 2005~2014년 사이의 주요 판결비평문을 담은 〈공평한가?: 그리고 법리는 무엇인가, 판결비평 2005~2014〉에 이은 두 번째 단행본입니다. 이번에는 2015~2019년까지 채 5년이 되지 않는 기간에 나온 주요 판결에 대한 비평들입니다. 지난 5년이 한국 사회의 큰 격변기였던만큼 좋은 의미에서든 나쁜 의미에서든 주목할 만한 판결이 10년치 못지않게 많습니다.

이번 책이 나오는 데 많은 분들의 노고가 있었습니다. 바쁜 와중에도 기꺼이 날카로운 판결비평을 써준 여러 필자에게 감사의 말씀을 전합니다. 비평할 판결과 적절한 필자를 물색하느라 늘 애쓰는 참여연대 사법감시센터 실행위원과 상근 활동가들이 있었기에 책으로 엮을 수 있었습니다. 마지막으로 책 발간을 제안하고 멋진 단행본을 만들어준 출판사 북콤마의 편집진에도 감사드립니다.

2019년 7월

박정은 참여연대 사무처장

2019

생명 보호와 대립되지 않는
여성의 자기결정권 최초로 인정

: 낙태죄 위헌 결정

장다혜 한국형사정책연구원 부연구위원

2019년 4월 11일 오후 헌법재판소 앞에 모여 있던 여성들은 환호성을 질렀다. 2012년 형법상 낙태죄를 합헌이라 확인한 헌법재판소 결정이 나고 7년 만에 헌법불합치 결정 선고를 들은 직후였다. 그 동안 낙태죄는 법전에는 존재하나 제대로 작동하지 않으면서 여성의 어깨에 무거운 짐을 지웠다. 자신의 신체에 대한 결정권은 기본적 인권이지만, 여성에겐 임신과 출산이라는 영역에서 그렇지 못했다. 그런 의미에서 이번 결정은 한국 사회에서 여성에게 신체에 대한 자기결정권이 기본적 권리임을 확인한 중요한 사건이다.

이번 위헌 소송은 2017년 2월 임부의 요청에 따라 낙태를 한 자를 처벌하는 형법 제270조 1항 업무상 승낙낙태죄로 기소된 한 산부인과 의사가 그 조항과 제269조 1항 여성의 자기낙태죄에 대해 헌법소원 심판 청구를 함으로써 시작됐다. 이로써 한국 사회는 2012년 헌법재판소 결정 이후 낙태죄의 위헌성을 다시 다툴 중요한 기회를 갖게 됐다. 공익 변호를 맡은 변호인단이 구성되고 여성 단체와 진보 운동 단체 등이 주축이 된 '모두를 위한 낙태죄폐지 공동행동'이 조직되면서, 낙태죄 폐지를 위한 운동이 적극적으로 펼쳐졌다.

낙태죄는 1953년 형법이 제정될 당시에도 치열한 찬반 논의 끝에 도입됐으나 실제 제정되고는 사문화된 법으로 평가받았다. 1960년대부터 적극적으로 추진된 출산 제한 정책의 일환으로 낙태 수술이 국가 주도하에 적극 활용되었기 때문이다. 국가 정책의 법적 근거를 위해 1973년 모자보건법을 제정하는 과정에서, 임신중절이 허용되는 사유 규정을 두되 그 적용 여부를 판단하는 절차를 규정하지 않은 점도 사실 낙태죄를 사문화한 것이다. 그러다가 2000년대 이후 출산율이 감소함에 따라 출산 억제 정책이 저출산 대책과 임신중절 예방 정책으로 변화했고, 2010년 이후 생명 옹호를 기치로 하는 '프로라이프 의사회'(낙태 근절 운동 주도)의 고발 활동이 전개되면서 낙태죄가 다시 주목받기 시작했다. 이후 모자보건법상 불명확한 판단 기준과 절차 탓에 낙태죄로 처벌받을 것을 두려워하는 의사들이 시술을 거부하고 낙태 시술 비용이 올라가면서, 여성들은 낙태에 접근하기 어려워졌다. 성폭력 피해로 임신한 여성에게 낙태를 하려면 성폭력을 입증하라고 요구하는 사례나 비싼 낙태 비용을 마련하려고 성매매를 하는 청소년의 사례도 보고되었다. 2018년에는 보건복지부가 행정처분이 가능한 '의사의 비도덕적 진료 행위'에 낙태를 포함하는 '의료관계 행정처분 규칙' 일부 개정안을 발표하자 산부인과 의사들이 낙태 수술 전면 거부를 선언하기도 했다.

이번 헌법재판소 결정은 이렇게 한국 사회의 변화에 따라 낙태죄를 둘러싼 갈등이 정점에 이른 시점에서 이뤄졌다. 헌법재판소는 낙태죄에서 경합하는 권리에 대해 관점을 바꿀 것을 제시했다. 여기에는 임신 중단을 둘러싼 사회적 논쟁이 새로운 장으로 이동해야 한다는 요청이 담겨 있다.

낙태죄의 위헌성을 둘러싼 기존 법적 쟁점의 중심에는 태아의 생명권을 보호하기 위해 여성의 신체 자기결정권을 침해하는 것이 정당한가 하는 질문이 놓여 있었다. 2012년 8월 24일 나온 헌법재판소 결정(2010헌바402)은, 임신한 여성의 몸 안에 존재하는 태아는 여성이 자기 결정을 행사할 수 있는 신체가 아닌 별개의 생명이기 때문에 태아의 생명권 보호를 위해 여성의 낙태를 처벌하는 것은 정당하다는 주요 법 담론을 그대로 반복한 것이었다. 2012년 헌법재판소는 "태아가 비록 생명 유지를 위해 모母에게 의존해야 하지만 그 자체로 모와 별개의 생명체이고 특별한 사정이 없으면 인간으로 성장할 가능성이 크므로 태아도 헌법상 생명권의 주체"이고 "따라서 그 성장 상태가 보호 여부의 기준이 되어서는 안 된다"고 판시했다.

이러한 법적 논리는 일견 생명 보호라는 중요한 사회적 원리를 옹호하는 것으로 보이지만 여기에는 맹점이 있다. 여성에게 모성을 선택하거나 자기 신체에 대해 자기 결정을 하고 자신의 건강을 유지하기 위해 선택할 권한을 박탈함으로써 여성의 자유와 평등을 현저히 침해하는 결과를 초래한다. 임신 유지가 여성의 건강에 회복하기 어려운 부정적 영향을 주더라도 여성의 생명을 위태롭게 하지 않는 이상은 낙태가 불가능하다. 결국 여성은 태아의 생명을 보호하기 위해 자신에게 일어날 부정적 영향을 무조건 감수한다. 이것이 여성의 권리를 상당히 침해한 것이라는 점은 태아의 생명권에 절대적인 가치를 부여하는 동시에 평가의 잣대를 들이댄 헌법재판소의 또 다른 논리에서도 확인된다.

2012년 헌법재판소는 부모에게 우생학적이고 유전적인 정신장애나 신체 질환이 있는 경우를 낙태가 허용되는 사유라고 인정했다. 이러한 낙태 허용 사유를 규정하는 모자보건법에 대해 태아의 생명권을 제한할 정당한 이유를 제시하고 있다고 판단했다. 여성이 자신에게 부정적 영향을 초래할 임신을 중단할 것을 결정하는 것은 태아의 생명권을 침해하지만, 이른바 '비정상'적인 부모로 인해 태아에게 발생할지도 모르는 장애나 질병을 이유로 임신을 종결하는 것은 생명보호의 원리를 해치지 않는 것으로 본 것이다. 이렇게 모성을 선택하는 여성의 결정은 부정하면서도 부모의 우생학적 또는 유전적 사유에 대한 결정은 인정하는 태아 생명 보호 논리는 생명 가치에 대한 차별과 편견일 뿐 아니라 여성의 결정에 대한 불신과 부정이었다.

2019년 헌법재판소는 여성의 자기낙태죄에 대해 헌법불합치 4인, 단순위헌 3인, 합헌 2인 의견으로 최종적으로 헌법불합치 결정을 했다. 이번 결정의 가장 큰 의의는 헌법불합치와 위헌 의견에서 나타나듯이 여성의 자기결정권을 인정한 것이다. 물론 2012년 결정과 마찬가지로 태아를 생명권의 주체로 인정하고 국가에 태아의 생명을 보호할 의무가 있다고 보았다. 그러는 한편 임신과 출산이 여성에게 미치는 신체적·정신적 건강에 대한 영향, 양육의 사회적·경제적 영향,

임신과 출산에 대한 여성의 결정이 기본적인 것이며 중요한 자기결정권의 영역이라는 점을 인정했다. 또 태아의 생명권과 여성의 자기결정권 간에 최적의 조화를 추구해야 할 헌법상 원리를 강조했다.

더욱 중요한 점은 태아와 여성을 단순히 대립하는 존재가 아니라 별개의 생명체이면서 동시에 밀접히 결합해 특별한 유대 관계와 의존 관계를 맺고 있는 상호 존재로 보았다는 점이다. "특별히 예외적인 사정이 없는 한, 임신한 여성의 안위가 곧 태아의 안위이며, 이들의 이해관계는 방향을 달리하지 않고 일치"하므로, 실질적인 태아의 생명 보호를 위해 전면적인 처벌을 할 것이 아니라 임신한 여성의 신체적·사회적 보호와 여성의 결정을 위해 사회적·심리적 지원을 해나가는 식으로 접근해야 한다고 강조했다.

이번 결정은 여성의 임신 중단에 대한 법 정책을 정할 때 여성의 모성과 신체에 대한 자기결정권을 보장하고 태아의 생명 보호라는 국가의 책무를 실현하는 방향으로 설계해야 한다며 근본적인 지침을 제시했다. 하지만 다른 한편으로 태아의 생명권을 보호하기 위해 여성의 자기낙태죄를 처벌하는 것이 필요하다는 관점과 특정 사유에 한정해 여성의 결정권을 인정하는 태도를 유지함으로써 여성의 자기결정권에 평등한 실현을 꾀하지 않고 제약을 남겨놓기도 했다.

단순위헌 의견에서 임신 14주 이내에는 여성의 자기 결정이 온전히 인정될 수 있다고 보기도 했지만, 여전히 태아의 생명권을 침해하는 것에 대한 처벌을 전제한다는 점에서, 향후 모자보건법 등의 개정 방향이 여성의 낙태죄 처벌을 면책하기 위한 특정한 사유나 특정 기간의 제한을 어떻게 둘 것인가에 한정될 우려가 있다. 이번 헌법재판소 결정이 완결성을 갖추려면 법 개정의 방향이 여성의 낙태죄에 대한 처벌이나 면책 사유를 어떻게 정할지가 아니라 여성이 임신 유지와 중단 중 온전한 결정을 내릴 수 있도록 어떻게 신체와 정신을 보호하고 사회적인 지원을 할지에 집중돼야 할 것이다.

헌법재판소 2019.4.11. 선고 2017헌바127 결정

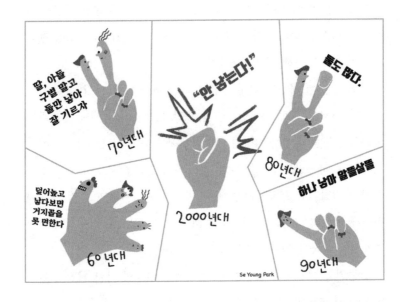

권리금 회수 기회 보호 기간,
5년 넘어도 인정된다

: 상가임대차법상 '권리금 회수 기회 보호 의무' 판결

김남주 변호사(법무법인 도담)

최근 상가임대차법(상가건물 임대차보호법)상 권리금 회수에 관한 중요한 대법원 판결이 나왔다. 권리금을 회수할 수 있는 기간이 계약갱신 요구권이 보장되는 전체 임대차 기간인 5년을 넘어도 된다는 취지다.

상가임대차법에 따르면 임대인(건물주)은 임차인(세입자)의 권리금 회수 행위를 방해하지 못한다. 그렇더라도 임대인이 직접 임차인에게 권리금을 돌려줘야 하는 것은 아니다. 다만 상가임대차법은 임차인이 새로운 임차인을 구해 권리금을 받을 수 있고, 임대인은 이러한 권리금 회수 행위를 방해하지 말아야 하며, 특별한 사정이 없는 한 임차인이 데려온 신규 임차인과 임대차계약을 체결하라는 내용의 권리금 회수 기회 보호 규정을 두고 있다. 임대인이 이 의무를 위반한 경우 권리금 액수에 해당하는 돈을 임차인의 손해로 쳐서 배상할 의무를 진다.

물론 임대인에게 무조건 의무를 부과하는 것은 아니다. 정당한 사유가 있는 경우 임대인은 회수 기회를 보호하지 않아도 된다. 정당한 사유란 월세를 3개월 이상 밀렸거나 무단 전대를 하는 등 임차인에게 귀책사유가 있는 경우, 새로운 임차인이 월세를 낼 능력이 없어서 임대인에게 책임을 묻기 어려운 경우를 말한다.

여기서 문제가 된 쟁점은 권리금 회수 기회를 언제까지 보호해야 하는가였다. 하급심 법원에서는 5년으로 제한해야 한다는 판결과 5년 이상 보호해야 한다는 판결로 나뉘었다. 이번 대법원 판결이 선고되기 전까지 이 문제로 상가 임대차 현장에서 혼란이 많았다.

권리금 회수 기회를 5년으로 제한해야 한다는 하급심 판결의 주된 이유는 이렇다. 첫째 권리금 보호 규정은 임대차 계약 갱신을 유도하려는 취지에서 생긴 것이다. 그리고 임대인이 계약 갱신을 거절할 정당한 사유가 있으면, 상가임대차법에 따라 권리금 회수 기회를 보장하지 않아도 된다고 본다. 따라서 임대인은 최초 임대차를 개시하고 5년이 지나면 무조건 계약 갱신을 거절할 수 있으므로(2018년 9월 20일 상가임대차법이 개정되면서 임차인의 계약갱신 요구 기간이 10년으로 늘어났다), 5년이 지난 경우에는 권리금 회수 기회를 보장하지 않아도 된다. 둘째 5년 이후까지 권리금 회수 기회를 보호하면 임대인의 사유재산권이 과도히 제한된다.

하지만 이렇게 5년으로 제한해야 한다는 판결의 최대 약점은 상가임대차법에 권리금 보호 기간을 5년으로 제한한다는 문구가 없다는 점이다. 계약갱신 요구권이 5년까지 보호된다고 법에 명시되어 있는 것과는 명확히 다르다.

권리금 회수 기회를 5년 이상 보호해야 한다는 하급심 판결의 논거는 이렇다. 권리금은 시간이 지날수록 쌓이는 것이 통상적이므로, 임대차가 5년을 넘는다고 해서 권리금을 보호하지 않을 이유가 없다. 5년까지만 보호한다면 임차인 입장에서는 법에서 보장한 5년을 다 채우기 전에 권리금을 회수하려고 임대차계약을 종료하려고 할 것인데, 그렇게 되면 임대차 기간의 장기화를 유도하기 위해 임차인에게 계약갱신 요구권을 부여한 취지가 약해질 수 있다. 결국 계약갱신 요구권 제도와 권리금 보호 제도는 취지와 내용이 다르므로 계약갱신 요구권 기한을 권리금 회수 기회에 적용해서는 안 된다. 또 5년 이후까지 권리금 회수 기회를 보호하더라도 임대인의 재산권을 과도히 제한하는 것은 아니다.

대법원은 법 문언에 충실히 해석하면서 전체 임대차 기간이 5년을 초과하는지와 무관하게 임대인이 임차인의 권리금 회수 기회를 보호할 의무가 있다고 보았다. 게다가 전체 임대차 기간이 5년을 경과해 계약갱신 요구권을 행사할 수 없을 경우가 임차인의 이익이 침해되는 전형적인 경우라고 했다. 즉 5년 지난 임대차 경우에도 권리금 약탈을 막고 권리금 회수 기회를 보호해야 한다는 것이다. 전체 임대차 기간이 5년이 지나도 임차인이 형성한 재산적 가치는 그대로 유지되므로, 여전히 권리금 회수 기회를 보장해야 한다는 것이다. 또 전체 임대차 기간이 5년을 초과한 임대차계약에서 권리금 회수 기회를 보호하더라도 임대인의 상가 건물에 대한 사용 수익권을 과도히 제한한다고 볼 수 없다고 판단했다.

이번 사건에서 한 임대인이 권리금 회수 기회를 보호해달라고 소송을 제기한 때는 2015년 7월이었다. 이때부터 대법원 판결이 나오기까지 4년가량 걸렸다. 하급심 판결은 긴 시간 혼란을 일으키며 진행되는 동안 우리 사회에 여러 질문을 던졌다. 우리 헌법 체계에서 사법부에 주어진 권한은 어디까지인가? 사법권과 입법권과의 경계는 어디인가? 하급심의 법률 해석이 해석 차원을 넘어 법을 만드는, 즉 입법하는 영역까지 나아간 것은 아닌가?

물론 관점에 따라서는 상가임대차법에 도입된 권리금 보호 규정이 임대인의 재산권을 과도히 제한한다고 볼 수도 있다. 그런 견해도 존중하고 토론에 포함해야 한다. 하지만 법원은 헌법과 법률이 부여한 재판권의 범위 안에서 법관의 양심에 따라 판단하는 것이 옳다. 법원이 권리금 보호 규정이 임대인 재산권의 본질적 내용을 침해해 헌법을 위반한 것이라고 판단한다면, 그리고 상가임대차법 문언 해석을 거쳐 위헌성을 제거할 수 있다면 그렇게 법 규정의 내용을 제한해야 한다. 반면 문언 해석을 거쳐 위헌성을 제거할 수 없다면, 법원은 위헌법률 심판 제청을 해 위헌성을 가리게 해야 한다. 그런데 이번 사건에서 하급심은 상가임대차법에 권리금 회수 기회를 5년으로 제한한다는 규정이 없음에도 불구하고, 법 문언 해석의 범위를 넘어 법 규정의 내용을 제한했다. 동시에 헌법재판소에 위헌법률 심판 제청을 하지 않은 채 임대인의 재산권을 과도히 제한한다고 직접 판단했다. 이는 법원이 주어진 재판권을 넘어선 것, 즉 월권한 것이다. 이 점에서 하급심의 판단은 아쉽다. 반대로 하급심 판결의 아쉬움을 바로잡은 대법원 판결이 빛난다.

헌법재판소는 재산권에 대한 형성과 제한에 폭넓은 입법, 즉 법을 제정하거나 개정할 자유가 있고, 특히 토지는 생산이나 대체가 불가능해 공급이 제한된다는 점에서 다른 재산권에 비해 좀 더 강력히 공동체의 이익을 관철해야 한다고 판시한 바 있다(헌법재판소 1999.10.21. 선고 97헌바26 결정). 상가임대차법에 도입된 권리금 보호 규정은 토지와 부동산이라는 재산권에 대한 제한이므로 폭넓은 제한 입법이 가능하다. 또 임차인 보호를 위해 임대인이 상가 건물을 이용할 권리에 일정한 제한을 가하기는 하지만 이용권이나 처분권 자체를 박탈한다고 보기 어려우므로, 그 본질적 내용까지 침해한다고 할 수 없다. 따라서 이 규정이 위헌적이라고 보기 어렵다. 대법원도 위헌성 심사 기준의 하나인 비례 원칙을 위반했다고 판단하지 않았다.

현재 전 세계에 걸쳐 자산과 소득 불평등이 심화되고 있다. 우리 사회도 사회경제와 헌법적 측면에서 소유권의 내용과 한계에 대해 끊임없는 토론이 필요하다. 일각에 소유권을 절대화하거나 성역화하는 관점이 있는데 이는 우리 헌법 체계와 조화될 수 없다. 경제력이 집중되고 남용되는 것을 방지하려면 자산과 소득을 적정히 분배하고, 경제주체 간의 조화를 꾀하는 경제민주화를 통해 경제를 규제하고 조정할 필요가 있다(헌법 제119조 2항). 대법원뿐 아니라 사법부 전체가 재산권 보장과 경제민주화에 관한 헌법 정신을 깊이 음미해보기를 기대한다.

대법원 1부(주심 권순일) 2019.5.16. 선고 2017다225312(본소), 225329(반소)

강원랜드 사외이사 손해배상 판결의 '정확한' 의미, 그리고 자원 외교

: 강원랜드 150억 원 부당 지원 사외이사 책임 인정

이상훈 변호사(서울사회복지공익법센터)

최근 강원랜드의 150억 원 기부 사건에서 대법원이 이를 찬성한 사외이사들에 대해 30억 원을 배상하라고 판결하자 많은 언론에서 이를 보도했다. 하지만 언론 보도는 '거수기 역할에 그친 사외이사'의 책임을 인정한 판결로 소개하면서 판결의 정확한 의미가 엇나간 측면이 생겼다. 아마도 법원이 사외이사에 대해 손해배상 책임을 인정했다고 하니까, 기업 오너가 부당 지원을 추진해서 기업에 피해를 입혔고 사외이사는 이를 견제하지 못하고 거수기 역할만 한 사건이라는 선입견이 작동한 것 같다. 언어가 주는 착시 효과가 원인으로 보이는데, 소송의 쟁점은 약간 다르다.

사실관계부터 정리하면 이렇다. 사건은 2012년에 강원랜드가 태백시가 출연한 부실한 기업 오투리조트에 150억 원을 부당 지원한 것이다. 당시 오투리조트는 부채 비율이 2000퍼센트가 넘어 사실상 파산에 가까운 상태였고, 역시나 지원금 150억 원은 곧바로 오투리조트의 인건비 등으로 소진됐다. 결국 오투리조트는 계속 경영이 악화된 끝에 2014년 회생 절차를 거쳐 부영그룹에 매각됐다. 그 전에도 강원랜드는 오투리조트 전환사채 150억 원어치를 인수했다가 2년여 만에 모두 손실 처리한 경험도 있었기에 또다시 150억 원을 지원한다고 했을 때도 밑 빠진 독에 물 붓기일 것이라고 예상됐다. 그래서 당시 외부의 로펌 두 곳도 지원 행위가 배임에 해당할 수 있다는 의견을 제시했다.

그럼에도 이사회에서는 오투리조트에 150억 원을 지원하기로 결의했다. 특이하게도 이를 주도한 이는 사외이사들이었다. 대주주인 한국광해관리공단 측 이사는 반대했고, 경영진인 대표이사와 상임이사는 기권했다. 보통은 대주주와 경영진이 일을 벌이고 사외이사가 견제해야 하는데, 이 사건에서는 거꾸로 사외이사가 일을 벌인 것이 차이점이다.

왜 사외이사들은 무리하게 일을 진행했을까. 그건 폐광 지역(태백, 영월, 삼척 등)과 강원랜드 간의 독특한 관계에서 비롯한다. 강원랜드는 낙후된 폐광 지역의 경제를 일으켜 지역 발전과 주민 생활 향상에 이바지한다는 취지로 설립됐다. 태백과 삼척, 영월 등이 출자했고, 주주 간 합작 투자 계약서에 따라 강원랜드에 각각 한 명씩 사외이사를 추천했다.

그런데 태백시가 출연한 오투리조트의 부실이 갈수록 심해지자, 태백시는 자신들이 추천한 이사를 통해 강원랜드에 지원을 요청했다. 해당 이사는 태백시의회 부의장까지 지낸 정치권 인사였다. 그는

다른 이사들도 설득해 강원랜드의 지원을 적극적으로 이끌어내려 했고, 이사들이 이를 주저하자 막판에는 태백시장과 태백시의장이 문제가 발생할 경우 태백시가 대신 물어주겠다는 황당한 확약서까지 작성해주었다.

결국 삼척과 영월시가 추천한 사외이사들은 태백시와 동병상련이돼 동조하면서 지원을 결정했다. 반면 대주주와 경영진은 강원랜드가 폐광 지역 경제를 위해 별반 한 일이 없다는 원죄 때문에 따가운시선 속에서 반대와 기권을 한 것이다.

따라서 이번 판결의 진정한 의미는 '사외이사'가 아니라 '공기업이사'에 방점을 두고 살펴봐야 한다. 즉 이번 판결은 공기업 이사의손해배상 책임을 엄중히 물었다는 데 주된 의의가 있다. 소송 과정에서 피고들은 만일 오투리조트를 지원하지 않으면 그 금융채를 지급보증한 태백시도 동반 파산할 수 있었다는 점을 항변했지만, 하급심과 대법원 모두 설사 그렇더라도 이는 다른 절차를 통해 해결해야 할것이고, 영리 법인의 이사인 피고들은 법인의 이익을 우선해야 한다며 그들의 항변을 배척했다.

공기업 이사는 일반 사기업과 달리 정치적·정책적 판단이 요구되는 경우가 있다. 이번 판결은 설사 그렇더라도 일단 공기업 이사로선임된 이상 공기업의 이익을 최우선해야 한다는 기준을 다시 확인했다.

이번 판결에서 연상되는 사건이 있다. 바로 MB 정부 자원 외교의주요 관련자로서 국고 22조 원 손실을 야기한 공기업 3사(한국가스공사, 한국광물자원공사, 한국석유공사)의 이사들이다. 검찰이 이들을 대대적으로 수사했는데도 일부는 기소되지 않거나 기소된 이도 하급심과 대법원에서 무죄를 선고받는 등 법적 책임이 전혀 이뤄지지 않았다. 그러니 이번 판결의 취지를 고려해서 자원 외교 의혹 관련자에 대해서도, 만일 엄격한 입증을 요구하는 형사상 책임 추궁이 어렵다면 민사상 손해배상 책임을 적극 검토할 필요가 있다.

다만 이번 판결에서 반대가 아닌 '기권'을 한 대표이사와 상임이사에 대해 하급심과 달리 책임이 없다고 판결한 부분은 아쉽다. 이사라면 이사회에서의 표결뿐 아니라 다른 이사의 불법행위에 대해서도 적극적으로 감시할 의무가 있다. 따라서 150억 원 지원금이 바로 휴지 조각이 될 것이라는 것을 누구보다도 잘 아는 경영진이 단지 이사회에서 기권을 한 것만으로 책임이 면제된다고 본 것은 안이한 판단이다. 자칫 이사들에게 애매하면 기권하라는 식의 잘못된 행위 규범을 줄까 봐 우려된다.

대법원 1부(주심 박정화) 2019.5.16. 선고 2016다260455 판결

실체적 진실에 충실한 역사적 판결

: 제주 4·3 사건 생존 수형자 재심 무죄

김종민 전 제주4·3위원회 전문위원

제주지방법원 형사2부는 2019년 1월 17일 '제주 4·3 군법회의' 수형인 18명에 대한 재심 사건에서 모두에게 사실상 무죄 판결인 공소 기각 판결을 선고했다. 이로써 재심 청구인들은 70여 년 만에 억울한 '전과자 낙인'을 지우게 됐다. 판결문조차 없는 사건에서 재심 개시를 결정한 것도 예상치 못한 일이거니와 공소 기각 판결을 한 것은 더욱 드문 일이다. 민주사회를위한변호사모임은 선고가 나온 당일 즉각 환영 성명을 발표했는데, 그만큼 역사적 의미가 큰 판결이었다.

탄압, 항쟁, 대학살

우선 '제주 4·3'이 무엇인지 살펴볼 필요가 있다. 2000년 제정된 4·3특별법에 따라 구성된 국무총리 소속 제주4·3위원회(제주4·3사건

진상규명 및 희생자명예회복 위원회)는 2003년 공식 보고서인 '제주4·3사건 진상조사보고서'에서 제주 4·3 사건을 "1947년 3월 1일 경찰의 발포 사건을 기점으로 해, 경찰·서청의 탄압에 저항하고 단선·단정을 반대하는 것을 기치로 1948년 4월 3일 남로당 제주도당 무장대가 무장봉기한 이래 1954년 9월 21일 한라산 금족 지역이 전면 개방될 때까지 제주도에서 발생한 무장대와 토벌대 간의 무력 충돌과 토벌대의 진압 과정에서 수많은 주민들이 희생된 사건"이라고 정의했다.

해방 직후부터 제주도 밖에서는 치열한 좌우 이념 대립 속에서 1946년 '대구 10월 사건' 등 인명이 희생되는 혼란이 벌어졌다. 하지만 제주도는 미군정청 공보관인 케리 대위가 신년사에서 "육지와 달리 불행한 소요 사태가 없었다는 것은 대단히 반가운 일"(제주신보, 1947년 1월 1일)이라며 감사의 말을 할 정도로 평온했다.

1947년 삼일절 기념식 때 다른 지방에서 온 응원 경찰의 무분별한 발포로 주민 6명이 희생된 사건은 제주도를 순식간에 혼란의 도가니 속에 빠뜨렸다. 경찰 발포에 항의해 대대적인 '민·관 총파업'이 벌어졌고, 이에 대응해 미군정 경찰은 제주도를 '붉은 섬'으로 규정하고 검거 선풍을 일으켰다. 이때부터 4·3 무장봉기가 벌어질 때까지 1년 간 무려 2500명이 구금되었다. 그 무렵 미군 감찰반이 "제주도 유치장은 최악이다. 3.3평의 감방 안에 35명이 갇혀 있다"고 보고할 정도로 유치장은 차고 넘쳤다. 무장봉기 한 달 전인 1948년 3월에는 경찰에 의한 3건의 고문치사 사건이 잇따라 벌어졌다. '탄압 국면'이었다.

그러자 '항쟁 국면'이 펼쳐졌다. 1948년 4월 3일 새벽 2시경, 한라산 중허리 오름마다 일제히 봉화가 붉게 타오르면서 이를 신호로

350명 무장대가 제주도 내 경찰지서 12곳을 동시에 공격했다. 또 서북청년회와 대동청년단 등 우익 단체의 요인을 지목한 뒤 집을 습격해 살해했다. 무장대는 '경찰과 우익 청년단의 탄압에 대한 저항, 단독선거·단독정부 반대, 조국의 통일 독립'을 슬로건으로 내세웠다. 무장대는 5·10 선거를 무산시키기 위해 주민들을 산으로 올려 보냈다. 결국 제주도는 선거구 3곳 중 북제주군 갑구와 을구 2곳의 선거가 무산됐다. 전국 200곳 선거구 중 제주도의 2곳만이 무효화된 것이다.

곧이어 참혹한 '대학살 국면'이 전개됐다. 군경 토벌대는 '해안선에서 5킬로미터 이외의 지대를 적성 지역으로 간주하라'는 명령을 내리고 불법적으로 계엄령을 선포하면서 중산간 마을을 불태우고 무차별 학살을 감행했다. 특히 토벌대가 1948년 11월 중순께부터 4개월가량 동안 벌인 이른바 '초토화 작전' 때 중산간 마을 주민들이 치른 희생은 이루 말로 표현하기 어려운 것이었다. 마을을 포위한 군인들은 다짜고짜 집집마다 불을 질러놓고 불 기운에 놀라 뛰쳐나오는 주민들을 70대, 80대 노인부터 젖먹이에 이르기까지 남녀노소 가리지 않고 닥치는 대로 학살했다.

해변 마을로 소개(강제 이주)한 사람들의 희생도 컸다. 토벌대는 가족 중에 한사람이라도 없으면 '도피자 가족'으로 간주해 수시로 학살했다. "총에 맞아 죽은 사람은 고통의 시간이 짧으니 그나마 괜찮은 경우"라는 말이 있을 정도로 처참한 광경이 잇따라 벌어졌다. 토벌대는 걸핏하면 '무장대 지원 혐의'가 있다며 총질을 했다. 야수로 돌변한 토벌대에 의해 글로는 차마 표현할 수 없는 수난을 당한 여성들도 많았다. 이러한 행위의 책임은 당시 군 통수권자인 이승만 대통령과 대한민국 정부 수립 이후에도 여전히 한국군의 작전 통제권을 쥐고 있던 미군에게 있다.

1950년 6·25 전쟁이 발발하자 학살극이 재연됐다. 제주도 내에서는 이른바 '예비 검속'으로 1000명가량의 목숨이 희생됐고, 불법적인 군사재판을 받고 전국 각지의 형무소에 수감돼 있던 2500여 명의 제주도민이 인민군에게 쫓기며 패닉 상태에 빠져 있던 이승만 정권에 의해 집단 학살됐다.

이처럼 7년 7개월간 벌어진 사건의 전개 과정은 '탄압 국면' '항쟁 국면', 그리고 탄압이나 항쟁이라는 용어를 무색케 하는 엄청난 '대학살 국면'이 중첩되면서 차례로 펼쳐졌다. 4·3 무장봉기 당시 무장대 숫자는 350명에 불과했으나, 희생자는 당시 제주도 인구의 10분 1가량인 무려 3만 명에 이르렀다. 중산간 마을 대부분이 폐허로 변하는 등 재산 피해도 컸고, 육체적·정신적 후유증은 지금도 계속되고 있다.

4·3 군법회의, 수형인 명부

그렇다면 이번 재심 사건과 관련 있는 '4·3 군법회의'는 무엇이며, 수형인들은 무슨 죄를 지었기에 형무소에 감금됐는가? 나는 1988년부터 제주 4·3 사건에 대해 공부해오며 피해자와 유족 7000명 정도를 만나 증언을 들었다. 그중에는 4·3 군법회의 피해자의 유족도 있고 구사일생으로 살아 돌아온 4·3 군법회의 수형인도 있었는데, 이들의 증언은 한결같았다.

유족들은 "말이나 소에게 먹일 꼴 베러 들녘에 나간 아버지와 형이 지나가는 군인들에게 잡혀 트럭에 실려 간 후 육지 형무소로 끌려갔다고 하던데 그 후 행방불명됐다"거나, "학살극을 피해 한라산에 올랐다가 '하산하면 살려준다'는 삐라를 보고 내려왔는데 주정 공장에 갇혔다가 육지 형무소로 끌려갔다"고 말했다. 수형인들은 "제대로 된 재판도 받지 못한 채 육지 형무소로 끌려갔었다"고 했다. 그런데 이들의 주장을 뒷받침할 근거는 어디에도 없었다. 수형인들이 6·25 전쟁 전에 가족들에게 보낸 엽서가 거의 유일한 근거였다. 엽서에는 형무소 이름과 주소가 적혀 있었다.

그러던 중 김대중 대통령이 취임한 후인 1999년 9월 당시 여당인 새정치국민회의 4·3특위(제주4·3사건진상조사 특별위원회) 부위원장 추미애 의원이 정부기록보존소(현 국가기록원)에서 수형인 명부를 발굴해 공개함으로써 비로소 전모가 밝혀졌다. 그해 12월에는 재미학자 고 이도영 박사가 미국 국립문서기록관리청에서 6·25 전쟁 직후 대전형무소 등지에서 수형인들이 집단 학살되는 사진과 문서를 찾아냄으로써 희생 사실이 확인됐다.

수형인 명부에는 4·3 군법회의로 유죄 판결을 받은 2530명의 명단이 기재돼 있다. 4·3 군법회의는 1948년 12월과 1949년 6~7월 등 두 차례에 걸쳐 마치 열렸던 것처럼 허위로 자료에 기재된 군법회의를 가리킨다.

1948년 12월의 1차 군법회의 때는 제주도에 계엄령이 선포된 상태여서 민간인을 군법회의에 회부해 단 한 명의 예외도 없이 모두에게 형법 제77조 내란죄를 적용했다. 4·3 계엄령은 헌법의 규정과 달리 계엄법도 제정되지 않은 상태에서 불법적으로 선포되었다.

2차 군법회의는 1949년 6~7월에 열린 것처럼 수형인 명부에 기재돼 있는데, 이때 끌려간 사람들은 1948년 가을 계엄령이 선포돼 무차별 학살극이 벌어지자 목숨을 부지하기 위해 살을 에는 듯이 추운 겨울에 한라산 기슭으로 올라가 추위와 굶주림에 시달리다가 1949년 3월경 "하산하면 죄를 묻지 않고 살려주겠다"는 소위 선무 공작 삐라를 보고 내려온 피난민이었다.

그런데 1949년 6~7월은 계엄령이 해제된 때라 민간인을 군법회의에 회부할 수 없었는데 무리하게 국방경비법을 적용했다. 국방경비법은 기본적으로 군법이므로 대개의 조문은 '군인 및 군속으로서'라고 시작하는데, 제32조(이적죄)와 제33조(간첩죄)만은 '여하한 자로서'라고 시작한다. 이를 근거로 군인이나 군속이 아닌데도 민간인에게 역시 단 한 명의 예외 없이 제32조와 제33조를 적용해 군법회의에 회부한 것이다.

학살극을 피해 은신했다가 하산한 피난민들에게 느닷없이 이적죄와 간첩죄 혐의를 씌워 군법회의에 회부한 것도 문제지만, 더 중요한 것은 국방경비법 자체가 제정 주체도 모호하고 법률 호수도 없는 유령법이라는 점이다. 일부 법령집에는 국방경비법이 '법률 호수 미상'이지만 1948년 7월 5일 공포되고 같은 해 8월 4일부터 효력이 발생했다는 식으로 슬그머니 끼워 놓았다. 그리고 조선과도입법의원에서 국방경비법을 제정한 것처럼 표기했다. 하지만 1946년 12월 12일 개원식을 가진 미군정기 조선과도입법의원은 1947년 5월 6일 1호 법

률(public act)을 제정한 것을 시작으로 1948년 5월 19일 12호 법률을
제정한 후 이튿날인 5월 20일 해산했는데, 이 12개 법률은 국방경비
법과 아무런 상관이 없다. 따라서 국방경비법은 실체가 없는 유령법
이고, 유령법이기에 법률 호수조차 없었던 것이다.

"군법회의 없었다" 증언

백보 양보해서 계엄령이 합법적으로 선포된 것이고 국방경비법이
실제로 제정·공포된 법률이라고 가정하더라도, 당시 군법회의는 정
상적인 절차를 밟지 않은 허구의 재판이다. 구사일생으로 목숨을 건
진 수형인들이나 심지어 그들을 전국 각지의 형무소로 호송했던 경
찰 출신들조차 "형무소에 도착하니 간수나 형무소장이 죄명과 형량
을 알려주었다"고 이구동성으로 증언했다.

군법회의가 열리지 않았다는 증언은 피해자들의 일방적 주장이
아니다. 1차 군법회의가 열렸다는 1948년 12월 당시 제주에 주둔한
9연대의 부연대장이었던 서종철(국방부장관·초대 한국야구위원회 총재 역
임)은 "군법회의를 열었던 기억이 없다"고 증언했고, 9연대 군수참모
였던 김정무(준장 예편, 육사 2기 동기회장)도 "군법회의에 대해 모른다"
고 제주4·3위원회에 증언했다. 증언 내용은 모두 영상 녹화됐다. 2차
군법회의 당시 제주에 주둔한 2연대의 1대대장이었던 전부일도 "군
법회의에 대해 모른다"고 증언했다. 무려 2530명을 군법회의에 회부
했다고 하는데 주둔군 간부조차 부인하는 건 군법회의가 허구라는
것을 여실히 증명하는 것이다.

9연대의 초기 작전은 주로 '무장대로 여겨지는 젊은 청년'을 대상
으로 한 것이었다. 그러나 1948년 11월 중순께부터 전개한 '초토화
작전' 때에는 젖먹이부터 노인, 그리고 부녀자들에 이르기까지 무차
별 총살했다. 그렇다면 이때 왜 일부 젊은이들은 총살하지 않고 전국
각지의 형무소로 보냈는가? 젖먹이 아기와 노인은 '죄질이 무거워'
즉결 총살했고, 젊은이들은 그보다 죄가 가벼워 징역형을 선고해 형
무소로 보냈다는 말인가? 젊은이의 '죄'가 젖먹이의 '죄'보다 가벼워
총살 대신 징역형에 처했다는 점은 이치에 맞지 않는다.

이는 '구색 맞추기'라고 볼 수밖에 없다. 군법회의가 구색 맞추기
임을 증명할 구체적 사료는 아직 발굴되지는 않았다. 어쩌면 그런 자
료가 있다 해도 비밀 해제되지 않았거나 폐기되었을 가능성이 높다.
상식에 비춰보면 구색 맞추기 외에 다른 설명은 불가능하다.

그렇다면 어떤 이들이 '수용소'에 갇혀 있다가 전국 각지의 형무소
로 보내졌을까? 1차 군법회의(1948년 12월) 수형인들은 대개 1948년
11월 초토화 작전이 벌어지기 전 여름철에 끌려간 사람들이다. 증언
자들은 이구동성으로 "들녘에 촐(꼴) 베러 갔던 젊은이들이 영문도
모른 채 군인들에게 끌려갔다"고 말하고 있다. 이때는 초토화 작전이
벌어지기 전이라 무차별 총격을 가하지 않을 때여서 9연대 군인들은
일단 청년들을 붙잡아 주둔지인 제주농업학교에 설치한 '천막 수용
소'에 가뒀던 것이다. 그리고 1948년 12월 말 2연대와 교체하기 위해
제주를 떠나게 되자 천막 수용소에 있던 사람들을 전국 각지의 형무
소로 보낸 것이다.

2차 군법회의(1949년 6~7월) 수형인들은 학살극을 피해 한라산으

로 숨었던 사람들이다. 1948년 가을부터 초토화 작전이 벌어져 무차별 학살극이 본격화되자 주민들은 살을 에는 추위에도 불구하고 한라산 기슭으로 숨어들었다. 그러던 중 무장대 세력이 약화된 1949년 3월 이후, 토벌대는 '산에서 내려오면 살려준다'는 내용의 전단을 비행기로 살포했다. 추위와 굶주림에 시달리던 주민들은 전단을 본 후 나무에 옷가지를 매단 이른바 '백기'를 들고 내려왔다. 이때 토벌대 (2연대)는 하산한 주민들을 일단 '주정 공장'에 감금했다. 주정 공장은 당시 가장 넓은 공간이어서 많은 주민이 그곳에 수감됐다. 2연대는 1949년 여름 제주에서 철수하게 되자 주정 공장에 감금한 사람 중 젊은이들을 전국의 형무소로 보냈다.

담당 변호사와 판사, 검찰에게 경의

이번 재심 사건에서 피고인 측 변호를 맡은 법무법인 해마루의 임재성, 김세은 변호사에게 참으로 수고했다는 말을 전하고 싶다. 나는 군법회의의 부당성에 대해 오랫동안 공부하고 글을 써왔지만, 이번에 공소 기각 판결이 나오리라고는 상상도 하지 못했다. 피해자들이 죽기 전에 가슴속에 묻은 한을 마지막으로 토로하는 자리쯤으로 생각했다. 두 변호사가 '계란으로 바위 치기'라고 여겨지던 재심 사건을 맡아 열정을 다해 헌신하는 모습을 옆에서 지켜보며 존경심이 생겼다.

제주지방법원 제갈창 판사에게도 경의를 표한다. 나는 재심 개시가 결정되기 전에 임변호사의 요청에 따라 소위 '전문가 증언'을 했다. 임변호사는 "통상적으로 판사들은 전문가 증언을 좋아하지 않습니다. 20~30분이면 끝날 겁니다"라고 말했지만, 판사는 '실체적 진실'을 궁금해하면서 여러 질문을 했다. 나중엔 마이크를 끈 채 질문하기도 했다. 그러다 보니 증언은 2시간 넘게 진행됐다.

수형인 명부에는 한 사람당 달랑 한 줄씩 이름과 본적, 형량, 복형 장소가 적혀 있을 뿐 이를 뒷받침할 판결문은 없다. 판결문 등 재판 기록이 있어야 원 판결이 잘못됐는지를 따져볼 수 있을 텐데, 도대체 무슨 근거로 재심 결정을 할 수 있다는 말인가! 나는 그동안 '내가 본 자료'와 '내가 들은 증언'에 대해 법정에서 성실히 증언했을 뿐이다. 판사의 질문이 끊임없이 이어지자 '아, 형식적인 재판이 아니구나'라는 좋은 느낌을 받았다.

제갈창 판사는 4·3 군법회의가 판결문조차 없지만, 군인들이 실질적으로 사법권을 행사했으므로 재판의 범위에 들어간다고 판단했다. 그리고 4·3 군법회의가 절차상 하자가 많고 검찰이 시간과 장소, 방법 등 범죄사실을 특정하지 못한 것을 들어 재심 개시 결정과 공소기각 판결을 했다. 법조문에 얽매이지 않고 실체적 진실에 따라 재심 결정을 내렸고, 사실상 무죄 판결인 공소기각 판결을 한 것은 우리나라 사법부 역사에 중요한 일로 기록될 것이다.

검찰은 처음엔 공소사실을 진술했고, 나중엔 보완하기 위해 공소장 변경 신청을 하기도 했다. 하지만 그 내용을 보면 추측에 토대한 것이었다. 즉 수형인 명부에 적힌 대로 1차 군법회의 대상자에겐 '형법 제77조 내란죄'를, 2차 군법회의 대상자에게는 '국방경비법 제32조와 제33조'를 옮겨놓았을 뿐 구체적인 범죄사실을 특정하지 못했다. 피고인들이 형무소에 가서야 죄명과 형량을 간수나 형무소장에게서 듣는 등 처음부터 '허구의 군법회의'였으므로 범죄사실을 특정하지 못한 것은 당연한 일이다.

그럼에도 검찰의 마지막 태도는 높이 평가하고 싶다. 검찰은 법원의 재심 개시 결정에 대해 즉시항고를 하지 않았다. 또 무죄 구형의 성격을 띤 '공소 기각 요청'을 하고, 공소 기각 판결이 난 뒤에는 항소하지 않음으로써 이번 재심 사건을 1심 법원의 판결만으로 확정되게 했다. 이전 정부라면 검찰의 태도가 어땠을까? 만일 검찰이 법원의 재심 개시 결정에 대해, 또 공소기각 판결에 대해 각각 불복해 대법원까지 끌고 갔다면 어찌 됐을까? 최종 결과도 가늠하기 어렵거니와 수형인들의 맺힌 한은 어떻게 풀 수 있었을까? 대한민국 정부가 적어도 무고한 사람에게 유죄를 묻지 않는다는 너무나도 상식적인 수준에는 도달했다는 증거다.

2019년 2월 7일 재심 사건 청구인 중 한 명인 현창용 할아버지가 지병으로 인해 향년 88세로 별세했다는 소식이 뉴스를 통해 전해졌다. 법원의 공소 기각 판결이 난 지 불과 20여 일 지났을 때다. 살아계실 때 확정판결이 난 것이 얼마나 다행스러운 일인지 실감나게 하는 소식이었다. 이번 재심 사건은 현재 국회에 발의돼 있는 4·3특별법 개정안이 하루빨리 통과되어야 함을 웅변하고 있다. 개정안에는 '4·3 군법회의 무효화' 조항이 포함돼 있다. 4·3 군법회의를 무효화하지 않는다면 '운'이 좋아 형무소에서 구사일생으로 살아 돌아와 지금까지 장수하면서 재심을 청구한 18명은 '무죄'이고, 형무소에 수

감돼 있다가 6·25 전쟁 직후 이승만 정권에게 학살된 이들은 여전히 '유죄'로 남는 큰 불합리가 발생하기 때문이다.

제주지방법원 형사2부(재판장 제갈창) 2019.1.17. 선고 2017재고합4 판결

2019

2018

2017

2016

2015

30년 만에 '무효' 된 부마항쟁 계엄, 결국 국가 폭력이었다

: 부마항쟁 당시 징역형 받은 앰네스티 간사 재심 무죄

이상희 변호사(법무법인 지향)

"북의 도발 위협이 점증하는 상황 속에서 시위 악화로 인한 국정 혼란이 가중될 경우 국가 안보에 위기가 초래될 수 있어, 군 차원의 대비 긴요."

"국민들의 계엄에 대한 부정적 인식을 고려, 초기에는 위수령을 발령해 대응하고 상황 악화시 계엄(경비 → 비상계엄) 시행 검토."

흡사 군사정권 시절을 연상시키는 내용이어서 30~40년 전에 작성된 문건에 나오는 글로 생각할 수 있겠지만, 실은 불과 2년 전인 2017년 3월 국군기무사령부(기무사)가 작성한 '전시 계엄 및 합수 업무 수행 방안'에 나오는 글이다. 기무사는 탄핵 촛불 정국 당시 위수령과 계엄 시행을 검토했던 것으로 보인다.

청와대가 2018년 7월 20일 발표한 '기무사 계엄 문건' 세부 자료에 따르면, 기무사는 계엄을 선포하는 동시에 집회·시위와 반정부 정치 활동을 금지하는 포고령을 발표하고, 집회 예상 지역 두 곳인 서울 광화문과 여의도에 계엄 임무 수행군을 야간에 투입하며, KBS와 CBS, YTN 등 22개 방송사와 26개 신문사, 8개 인터넷 매체에 배치할 통제 요원 수까지 지정했다. 조현천 전 기무사령관은 박근혜 전 대통령이 탄핵된 당일 청와대를 방문했다고 한다. 탄핵 정국에서 군과 청와대가 계엄을 공모한 것은 아닌지 의심이 들 수밖에 없는 정황이다. 이 소식을 전해 들은 어떤 이는 1980년 5월 광주를, 어떤 이는 1979년 부산과 마산을 생각하며 가슴을 쓸어내렸다고 한다.

계엄은 한마디로 국가 비상사태를 대비해 군대에게 행정권과 사법권을 맡기는 것이다. 비상계엄이 내려진 경우에는 군대가 국민의 헌법상 권리인 집회·시위를 금지하고 체포하거나 구속하는 등 특별한 조치를 할 수 있다. 그래서 헌법은 계엄의 요건을 엄격히 제한한다. '전시나 사변 또는 이에 준하는 국가 비상사태가 발생해 병력을 동원할 군사상 필요가 있거나 병력으로 질서를 유지할 필요가 있는 경우'에 한해 선포할 수 있다.

지금까지 비상계엄은 제주 4·3, 여순 항쟁, 한국전쟁, 4·19 의거, 5·16 군부 쿠데타, 한일회담 반대 시위(6·3 학생운동), 10월 유신, 부마 항쟁(1979년 10월), 10·26 이후(1979년 10월 27일~1981년 1월 24일) 등 총 9차례 선포되었다. 현대사에 조금이라도 관심이 있는 이라면, 대부분의 비상계엄이 '전시나 사변, 이에 준하는 국가 비상사태'가 발생해서라기보다는, 부패 정권과 군사독재에 맞선 국민들의 저항을 억압하기 위해 선포됐다는 것을 알 수 있을 것이다. 비상계엄은 모든 권력을 군부에 집중하고 계엄사령관의 명령만으로 시민들을 손쉽게 탄압할 수 있기 때문에, 권력을 불법으로 취득하거나 독재 권력을 유지하려는 자들에게는 '니벨룽의 반지'였다.

비상계엄이 선포되면 계엄사령관이 특별한 조치를 행사하기 위해 포고령을 발표하는데, 지금까지 발표된 포고령의 내용을 보면 기본적으로 집회·시위를 금지하고 언론·출판은 사전 검열을 하며 영장 없는 체포·구금·압수·수색을 인정했고, 정권에 대한 저항을 탄압하기 위해 '유언비어 날조·유포, 국론 분열'을 금지했다. 계엄사령관의 포고령은 절대적이어서 포고령 위반자는 형사처벌을 받았다. 군대가 제헌헌법 이래 기본권 보장의 중요한 원칙으로 천명한 '표현의 자유와 영장주의'를 무시하고 시민들의 일상을 규율했으며, 영장도 없이 사람을 구속하는 불법을 저질렀다.

그런데 지금까지 비상계엄에 대해 일부나마 진실이 규명되고 법적 평가가 이뤄진 경우는 5·17 비상계엄 확대 조치 정도다. 대법원은 전두환 신군부가 권력을 찬탈하기 위해 1980년 5월 17일 비상계엄을 전국으로 확대하고 국가보위비상대책위원회를 설치해 헌법기관인 행정 각부를 통제하고 그 기능을 대체하게 한 것은 내란죄라고 판단하면서, 5·17 비상계엄 확대 조치를 '폭동'이라고 규정했다.

2018년 이번 판결에서 대법원은 1979년 10월 18일자 부산지구 계엄사령관의 계엄 포고는 위헌 무효라고 선언함으로써 사실상 부산 지역에서 선포된 비상계엄의 위헌성도 인정했다.

부마항쟁은 경찰이 신민당사를 점거 농성한 YH무역 여성 노동자들을 강경 진압하는 과정에서 노동자 김경숙이 사망한 사건이 발단이 되고, 신민당 총재 김영삼이 국회의원에서 제명된 것이 부산과 마산 지역 일대에 도화선이 되어, 1979년 10월 16일 부산대에서 시작된 시위가 시민들까지 확산되면서 일어났다. 박정희 정권은 부산대에 휴교 조치를 명령하고 10월 18일 0시를 기해 비상계엄을 선포한 뒤 2개 여단의 공수부대를 투입했다.

부산지구 계엄사령관인 육군 중장 박찬긍은 유언비어 날조·유포와 국론 분열 언동 등을 금지하는 계엄 포고 제1호를 발표하고 이를 위반하면 계엄법에 따라 처벌하도록 했다. '유신 철폐'와 '독재 타도'를 외치던 학생과 시민, 시위에는 직접 참여하지 않았지만 음식을 건네며 시위대를 지지하고 응원하던 이들이 군인과 경찰의 폭력에 짓밟히는 사건이 발생했다.

그 후 박근혜는 부마항쟁의 진실을 규명하겠다고 대선 공약으로 걸었고, 2013년 6월 4일 부마항쟁보상법(부마민주항쟁 관련자의 명예회복 및 보상 등에 관한 법률)이 제정됐다. 하지만 박정희의 정치적 기반에서 탄생한 박근혜 정권은 뉴라이트 계열과 정권 창출에 기여한 사람들로 '부마민주항쟁 진상규명 및 관련자명예회복 심의위원회'를 구성하고 진상을 제대로 규명하기에는 절대적으로 부족한 인력을 배치했다. 결국 위원회는 법에서 정한 활동 기간 3년이 지나도록 제대로 된 진상 규명 보고서조차 제출하지 못했다(2018년 12월 24일 법률이 개정되어 활동 기간이 1년 연장됨).

1979년 10월 군에 강제 징집되었다가 제대한 A도 부마항쟁의 현장에 있었다. 긴급조치 제9호로 구속된 앰네스티 부산·경남지부 활동가들을 대신해 앰네스티 활동을 하고 있었다. A는 비상계엄하의 인권 실태를 조사하기 위해 부산 지역을 방문한 한국기독교연합회 간사와 인권 침해 사건을 논의했는데, 그것이 문제가 되어 '유언비어를 유포'한 혐의로 구속됐고 3년 징역을 선고받았다.

　A는 부마항쟁보상법의 특별 재심 규정에 따라 재심을 청구해 재심 결정을 받은 뒤, 재심에서 유언비어 유포의 처벌 근거 규정인 계엄 포고령의 위헌 무효를 주장했다. 즉 자신이 수사기관의 고문을 견디지 못해 허위 자백을 한 끝에 유언비어 유포 혐의로 유죄 판결을 받았다는 사실관계를 따지기보다 비상계엄과 계엄 포고령의 위헌성을 정면으로 다룬 것이다.

　이번 재심 사건 이전에도 계엄 포고령의 위헌 무효를 전제로 무죄를 주장한 피해자들이 많았으나, 법원은 계엄 포고령의 위헌성 여부를 정면으로 다루지 않고 유언비어의 불명확성이나 고문에 의한 허위 자백 등을 이유로 무죄를 선고했다. 그런데 이번 사건에서 법원은 "부마항쟁 당시 부산 지역에 선포된 계엄 포고는 유신 체제에 대한 국민적 저항인 부마 민주항쟁을 탄압하기 위한 것이었을 뿐, 계엄 포고가 발령될 당시의 국내외 정치 상황과 사회 상황이 계엄법에서 정한 '군사상 필요한 때'에 해당한다고 보기 어렵다"고 판단했다. 또 계엄 포고의 내용이 영장주의와 죄형법정주의의 명확성 원칙에 위배되고 헌법상 보장된 국민의 기본권을 침해하는 것이므로 위헌이고 위법해 무효라고 판단했다. 형사 재심 사건의 특성상 '비상계엄' 자체의 위헌 무효를 명시적으로 판단하지는 않았지만, 비상계엄에 따라 선포된 '계엄 포고'에 대해 그 요건인 '군사상 필요'가 없다고 함으로써 비상계엄의 위헌성을 정면으로 다루었다고 볼 수 있다.

비상계엄과 계엄 포고의 위헌 무효를 선언하는 것은 과거 공권력이 저지른 중대한 인권 침해를 일부나마 규명하고 형사 재심에서 피해자의 인권을 구제하고 원상회복할 수 있는 길을 열어준다는 점에서 중요하다. 그러나 이것만으로는 부족하다. 더 나아가 행위자에게 민형사상 책임을 묻고 국가의 사과와 재발 방지 대책까지 함께 마련될 때 우리는 비로소 이 사건에서 정의가 회복됐다고 할 수 있을 것이다. 이러한 과정을 제대로 거치지 않는다면 비상계엄이라는 형식을 빌린 국가 폭력은 언제든지 재발할 수 있기 때문이다.

이제 2019년으로 돌아와보자. 시민단체의 고발로 합동수사단이 김관진 전 국가안보실장과 한민구 전 국방부장관 등을 내란음모죄 혐의로 조사했으나, 문건을 보고한 것으로 알려진 조현천 전 기무사령관이 2017년 12월 미국으로 출국한 후 현재까지 소재를 확인하지 못해 수사는 중단되고 있다. 지금 5·18 광주민주화운동의 역사를 왜곡하며 피해자를 두 번 죽이고 있는 전두환을 보라. 진상을 규명하고 책임자를 처벌함으로써 정의를 실현하는 일에는 시효가 없다는 것을 스스로 증명하고 있지 않은가. 민주주의의 근간을 흔들고자 했던 2017년의 내란 음모는 어떠한 일이 있더라도 반드시 진상이 규명되어야 하며 책임자는 처벌을 받아야 한다. 부정한 권력자가 다시는 엄두조차 낼 수 없게 말이다.

대법원 3부(주심 김재형) 2018.11.29. 선고 2016도14781 판결

세월호 참사에 대한 국가 책임은 어디까지인가?

: 세월호 참사 국가 배상 책임 인정

이태호 (416연대 상임운영위원)

2018년 7월 19일 서울중앙지방법원 민사30부는 2014년 4월 세월호 참사로 숨진 단원고 학생 117명, 일반인 승객 2명의 유가족이 정부와 청해진해운을 상대로 낸 손해배상 소송에서 선고를 내렸다. 가족 측이 승소했다. 비록 1심이기는 해도 세월호 참사에 대해 선장과 선원 및 선사뿐 아니라 국가도 법적 책임을 지닌다는 것을 사법부가 확인한 것이다.

전명선 4·16세월호가족협의회 운영위원장 등 유족들은 이를 환영하면서도 8월 9일 서울중앙지방법원에 항소장을 제출했다. 대리인인 김도형 변호사에 따르면 "1심은 구조 실패에 대한 국가의 책임 인정이 부족"하다는 의견이었다.

1심 재판부는 원고 측이 제기한 세월호 참사에 대한 국가의 책임을 대부분 인정하지 않았다. 다만 구조 작업에 간여한 공무원 중 유일하게 업무상 과실치사 혐의가 인정돼 징역 3년을 선고받은 당시 목포해양경찰서 소속 김경일 123정장의 행위만을 국가의 책임으로 인정했다. 원고 측은 진도VTS(해상교통관제센터)의 관제 실패, 구조본부의 부적절한 상황 지휘, 항공구조사들의 선내 미진입, 국가 재난 컨트롤타워 미작동 등도 직무상 위법행위에 해당한다고 주장했지만, 재판부는 이를 받아들이지 않았다.

판결문에서 재판부는 "공무원에게 부과된 직무상 의무의 내용이 (…) 전적으로 또는 부수적으로 사회구성원 개인의 안전과 이익을 보호하기 위해 설정된 것이라면, 공무원이 그와 같은 직무상 의무를 위반함으로 인해 피해자가 입은 손해에 대하여는 상당 인과관계가 인정되는 범위 내에서 국가가 배상 책임을 지는 것"이라고 전제했는데, 결과적으로는 진도VTS의 관제 실패, 구조본부의 부적절한 상황 지휘, 항공구조사들의 선내 미진입, 국가 재난 컨트롤타워 미작동 등에 대해선 '상당 인과관계'가 인정되지 않는다고 보았다. 그나마 재판부가 123정장 외에 유일하게 거론한 공무원은 511호, 512호, 513호 헬기에 탑승했던 항공구조사들인데, "항공구조사들이 선내에 직접 들어가 승객들에게 퇴선을 유도하는 조치를 취하지는 않았다"는 사실을 적시하면서도 그러한 행위와 희생자들의 사망 간에 상당 인과관계가 있는 것으로 보지 않았다. 다른 공무원들의 직무상 의무 위반이나 위법행위는 아예 판결문에서 거론조차 하지 않았다.

1심 재판부의 판단을 요약하면, 공무원 중 유일하게 형사상 최종적으로 실형을 선고받은 123정장의 행위에 대해서만 국가의 책임을 인정하고 다른 것에 대해선 인정하지 않은 셈이다. 이러한 판단을 어떻게 봐야 할까?

　우선 '현장 구조 책임자'였던 123정장의 범법 행위를 국가의 책임을 인정한 근거로 든 것은 환영할 만하지만 당연한 일이기도 하다. 이는 123정장에 대한 형사판결에서 이미 예고된 것이었다. 123정장의 형사책임을 다루는 판결 과정에서 대법원은 123정장의 형량을 4년에서 3년으로 감경한 고등법원 판결을 인용하면서 "해경은 평소 해양경찰관에게 조난 사고에 대한 교육을 소홀히 했다. 이처럼 해경 지휘부와 함께 출동한 해양경찰관에게도 공동 책임이 있는 만큼 김경일 전 정장 한 사람에게만 책임을 추궁하는 것은 가혹하다"며 감형 이유를 설명했다. 이렇게 대법원이 당시 현장 지휘관인 개인의 업무상 과실치사만이 아니라 '해경 지휘부의 공동 책임'을 적시한 바 있고, 이번 판결은 이러한 대법원 판례를 단순히 반영한 것에 지나지 않는다는 점에서 진취적인 판결로 볼 수는 없다. 123정장에 대한 대법원 판결을 소극적으로 인용하는 수준에 그치는 데 1심 판결을 2년이나 끌 이유가 과연 있었을까 의문이 든다.

　둘째, 기존 재판에서 형사처벌을 피한 다른 지휘 라인의 공무원들의 행위에 대해 이번 판결에서도 국가의 책임을 묻는 데 상당 인과관계가 없는 것으로 해석한 것은 아쉬운 대목이다.

　진도VTS 관계자들은 세월호 참사 당시 부실하게 관제하면서 이상 징후를 포착하지 못했고, 2인 1조 근무 규정 등을 어겨 골든타임을 허비하게 했다는 혐의로 기소되었지만, 결과적으로 직무유기 혐의에 대해 모두 무죄가 선고됐다. 다만 진도VTS 관제사와 팀장들이 변칙적 근무를 하고도 이를 숨기려고 교신일지 등을 조작한 혐의만 인정돼 벌금형을 선고받았을 뿐이다. 고등법원은 판결문에서 피고인들의 행위는 "태만 등으로 인해 직무를 성실히 수행하지 아니한 경우"나 "소홀히 직무를 수행한 탓으로 적절한 직무 수행에 이르지 못한 것"에 불과할 뿐 "직무의 의식적인 포기로 보기는 어렵고 달리 이를 인정할 만한 증거가 없다"고 판단했고, 대법원도 이를 그대로 인용했다. 이번 판결에서도 이들의 행위는 승객의 사망과 관련한 국가의 책임과 상당 인과관계가 없는 것으로 해석됐다.

당시 현장 지휘관이었던 목포해경서장은 강등 처분을 받지만 기소조차 되지 않고 곧 다른 곳으로 자리를 옮겼다. 당시 서해해경청장은 해임되지만 기소되지 않은 채 정년퇴직했고, 당시 해양수산부 장관도 문책을 받지 않았으며, 중앙재난안전대책본부(중대본) 책임자였던 유정복 안전행정부 장관도 문책받지 않고 사임한 뒤 2014년 지방선거에 나와 인천시장에 당선되었다. 당시 청와대가 세월호 참사 구조의 컨트롤 타워가 아니라고 부인했던 김장수 전 청와대 국가안보실장도 구조 의무 위반으로 기소되거나 처벌되지 않았다. 당시 구조지휘 라인에 있던 인사 중 이번 판결이 나오기 이전인 2018년 7월 중순까지 유죄 확정판결을 받은 사람이 한 명 있기는 하다. 해양경찰청차장이다. 그에게 적용된 혐의는 당일 구조에 대한 책임에 관한 것이 아니라 구난 업체 '언딘'에서 뇌물을 받은 혐의였다. 마찬가지로 해양경찰청 직원이 '운항관리규정' 심사를 요청받고 세월호에 승선해 식사와 관광 비용 등 수십만 원 향응을 받은 혐의 등으로 300만 원

벌금을 받은 사례가 있다. 이러한 행위들 역시 이번 판결에서 승객들의 사망과 관련한 국가의 책임과 상당 인과관계가 있는 것으로 검토된 흔적이 없다.

물론 다른 판례에서 범법 행위로 인정되지 않는 행위에 대해 민사재판부가 국가의 책임과 상당 인과관계가 있는 것으로 보지 못한 것을 두고 법률적으로 비판하기 어렵다고 할지도 모른다. 하지만 실제 참사 당일 목포해경서 상황실이든 서해해경청 상황실이든 해경 본청 상황실이든 세월호 구조에 책임이 있는 해경 상황실은 그 어느 단위도 세월호와 단 한 번도 교신을 하지 않았다. 해경 본청이 있는 인천에서도 세월호의 선원과 얼마든지 통화가 가능한 상황이었다. 실제 인천의 청해진해운 본사는 여러 명의 세월호 선원과 수차례 통화를 했다. 현장으로 출동한 해경 초계기, 헬기, 경비정도 모두 이동하는 중 세월호와 단 한 번도 교신을 하지 않았다. 세월호의 상황을 파악하고 필요하면 일정한 지시도 내리는 등의 행위는 너무도 당연한 것이지만 그들은 하지 않았다. 덧붙이자면, 해경 출동 세력은 상황실에 세월호의 상황을 문의하지도 않았다. 설사 이전 재판에서 이러한 행위들이 범법 행위가 아닌 것으로 판단되었다 하더라도, 이러한 부적절한 행위가 모여 결과적으로 구조 실패에 이른 것은 명확한데, 이에 대해 국가의 책임을 물을 수 없다는 것은 과연 정당한가? 상식적인가? 묻지 않을 수 없다.

123정장에 대한 형사재판으로 다시 돌아가보자. 고등법원은 123정장의 형량을 징역 4년에서 3년으로 낮추면서 판결문에 다른 근거도 언급하는데, 감형의 사유로 지휘 라인에서 구조를 방해한 것도 들었다. 재판부는 판결문에서 "서해해경청 상황실 등에서 피고인과 20여 회 통신해 보고하게 하는 등 구조 활동에 전념하기 어렵게 했다"고 밝혔다. 그렇다면 적어도 현장 구조 책임자를 구조 활동에 전념하지 못하도록 한 지휘 라인의 행위가 국가의 책임에 해당한다고 판단해야 옳지 않을까?

셋째, 국가공무원이나 국가기관은 아니지만 국가가 해야 할 업무를 외주화함에 따라 '운항관리'와 '세월호 증개축 검사' 업무를 맡은 한국해운조합과 한국선급에도 책임을 물어야 했다. 그곳의 운항관리자와 직원들의 범법 행위가 승객들의 사망과 관련한 국가의 책임과 상당 인과관계가 있는 것으로 검토되지 않은 것 역시 아쉽다.

그들 중 일부는 실제 기소되어 확정판결을 받았지만 그들의 불법 행위가 국가의 책임과 관련이 있는지는 재판에서 다투지 않았다. 예컨대 세월호가 출항하기 전 안전 점검 업무를 담당했던 한국해운조합의 전 모 씨가 대법원에서 징역 3년을 선고받았는데, 법원은 "안전 점검에 관한 피고인의 업무가 오로지 운항 관리자인 피고인 본인의 업무일 뿐이라는 판단은 타당하지 않고" "한국해운조합은 그 자신의 업무로 출항 전 안전 점검에 관한 운항 관리자의 적절한 업무 수행과 이를 감독하기 위한 범위 내에서 내부 규정을 마련하거나 업무에 필요한 지시를 할 수 있다고 봐야 한다"고 판단했다.

세월호를 증개축하는 과정에서 검사 보고서를 허위로 작성한 한국선급 검사원들에 대해서도 이번 판결이 내려진 직후인 7월 24일 대법원에서 새로운 판례가 나왔다. 대법원 1부가 업무방해 혐의로 기소된 한국선급 선박검사원들의 상고심에서 이들에게 무죄를 선고한 원심과는 달리 이들을 처벌할 필요성을 인정하고 사건을 고등법원으로 파기 환송한 것이다. 이때 대법원은 한국선급의 책임은 인정하지 않고 검사원 개인의 허위 보고가 한국선급에게 오인과 착각 등을 일으키게 했다는 점만 인정했다. 또 참사 직전까지 한국해운조합 인천지부 운항관리실장으로 근무하면서 세월호와 오하마나호 등의 안전점검 업무를 맡아온 한 모 씨에게 징역 10월에 집행유예 2년을 선고한 원심을 확정했다. 하지만 이러한 사례들을 이번 판결에서는 다루지 않았다.

마지막으로, 최근 드러나고 있는바 박근혜 대통령의 임무 방기와 국가의 진실 은폐, 피해자 가족들에 대한 불법 감시와 사찰, 댓글 공작과 조사 방해 행위 등과 관련해 국가의 책임을 묻지 않았다. 설사 이러한 국가 주도의 불법·부당 행위들이 이번 소송에서 검토할 판결 대상이 아니었다 하더라도 큰 아쉬움을 남긴다. 참사 당일 대통령과 청와대 국가안보실의 구조 지휘 책임을 모면하려고 대통령에게 최초로 보고된 '국가안보실 상황보고서' 1보의 보고 시점을 오전 9시 30분에서 오전 10시로 조작해 구조 골든타임에 대통령에게 보고되지 않은 것처럼 꾸민 일, 심지어 '국가위기관리 기본지침'을 임의로 사후 수정해 마치 청와대 국가안보실이 재난 위기시 정보와 상황을 종합하고 관리하는 컨트롤타워가 아닌 것처럼 조작한 일 등이 세월호 참사와 관련한 국가의 책임과 인과관계가 있는지 본격적으로 따져봐야 한다. 김장수 전 실장은 최근 국가위기관리 기본지침 위조 등의 문제로 검찰 수사를 받고 있다. 또 '4·16세월호참사 특별조사위원회를 무력화하라'는 구체적인 지시를 내린 문건이 청와대 정무수석실에서 다수 발견되었고, 국정원과 기무사가 세월호 참사 가족과 시민들의 활동을 불법으로 사찰하고 댓글 공작 등으로 비난한 것도 모자라, 이를 파괴하기 위해 각종 작전을 기획하고 직접 조직까지 한 사례들이 발견되고 있다. 이 사건들에 대한 수사도 진행 중이다. 이러한 국가 주도의 불법·부당 행위에 대해서는 별도의 손해배상 소송이라도 제기해 국가의 책임을 물어야 할 것이다.

서울중앙지방법원 민사30부(재판장 이상현) 2018.7.19. 선고 2015가합560627 판결

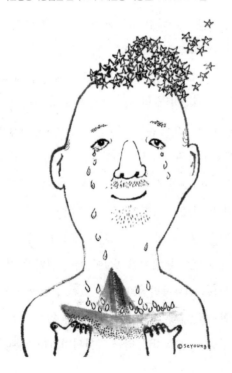

대기하는 노동자는 과연 자유로운가

: 시내버스 배차 대기 시간 대법원 판결

손명호 변호사(법무법인 오월)

　시간은 모두에게 공평한가? 주어진 시간을 온전히 자신을 위해 사용할 수 있다면 아마 그럴 것이다. 그러나 그렇게 할 수 없는 사람들이 있다. 가진 것이 '시간'밖에 없는 이들은 시간을 팔아야 먹고살 수 있다. 시간을 팔아 먹고사는 이를 노동자라 부르고, 남의 시간까지 사용하는 이를 사용자라 부른다.

　남에게 판 시간은 자신을 위해 사용할 수 없다. 그 시간만큼 남에게 종속된다. 시간을 많이 팔수록(많이 일할수록) 제 삶을 위한 시간은 줄어든다. 그래서 노동자는 시간을 적게 팔아도(적게 일해도) 먹고살 수 있어야 비로소 제 삶을 살 수 있다. 노동자가 온전히 제 삶을 살기 위해 투쟁해온 역사가 곧 노동시간 단축의 역사이고, '하루 8시간 노동'으로 상징되는 노동법의 역사이다.

　근로기준법은 원칙적으로 근로시간을 1주 40시간, 1일 8시간으로 제한하면서 '휴게 시간은 근로시간에서 제외'하고 있다(제50조 1항, 2항). 휴게 시간은 '근로자가 자유롭게 이용할 수 있'는 시간으로 사용자의 지휘·명령권에서 완전히 해방된 시간이기 때문이다(제54조 2항). 그런데 당장 업무를 하고 있지는 않지만 분명 쉬는 것도 아닌 시간이 있다. 쉬어도 쉬는 게 아닌 시간, 지시가 있으면 언제라도 업무에 착수하도록 대기하는 시간이 그렇다. 대기 시간은 노동자가 사용자의 지휘·명령에 응할 수 있게 일정한 장소에서 작업 준비를 갖춘 상태로 대기하며, 작업 도중이지만 실제 작업에 종사하지 않는 시간이다.

사용자는 대기 시간을 휴게 시간으로 보고 임금을 지급하지 않으려 한다. 그러면서 대기 시간에도 업무를 위해 노동자를 어느 정도 구속하려 한다. 노동자는 대기 시간을 근로시간으로 보아 임금을 더 받으려 한다. 그게 안 되면, 대기 시간을 휴게 시간으로 인정받아 사용자의 지휘·명령에서 완전히 해방되어 자유로이 이용하기를 바란다. 이처럼 대기 시간은 근로시간과 휴게 시간 사이에 존재하는 '쉬어도 쉬는 게 아닌 시간'이다. 근로기준법에도 별도의 규정이 없었다.

법률의 공백 속에서, 법원은 시외버스 운전기사의 운행 대기 시간(대법원 1992.4.14. 선고 91다20548 판결)과 우편물 운송 차량 운전기사의 격일제 근무 중 대기 시간(대법원 1993.5.27. 선고 92다24509 판결)이 근무시간에 해당하는지가 문제가 된 사안에서 "근로기준법상의 근로시간이라 함은 근로자가 사용자의 지휘·감독 아래 근로계약상의 근로를 제공하는 시간을 말하는바, 근로자가 작업 시간의 중도에 현실로 작업에 종사하지 않은 대기 시간이나 휴식, 수면 시간 등이라 하더라도, 그것이 휴게 시간으로서 근로자에게 자유로운 이용이 보장된 것이 아니고 실질적으로 사용자의 지휘·감독하에 놓인 시간이라면 이를 당연히 근로시간에 포함해야 할 것"이라고 판단했다.

이후 법원은 일관되게 사용자의 지휘·명령이 배제되지 않은 대기 시간은 근로시간에 해당한다고 판단했다. 즉 법원은 대기 시간에 관한 명시적인 법률 근거가 없을 때에도 노동시간 단축의 의미를 되새기며 사용자의 지휘·감독이 미치는 대기 시간은 당연히 근로시간에 해당한다고 보았고, 대기 시간을 휴게 시간으로 인정하는 데 사용자의 엄격한 입증을 요구했다.

이러한 판례가 집적되어 2012년 2월 1일 근로기준법이 개정되면서 제50조 3항, 즉 '근로시간을 산정함에 있어 **작업을 위해 근로자가 사용자의 지휘·감독 아래**에 있는 대기 시간 등은 근로시간으로 본다'는 조항이 신설됐다. 비로소 대기 시간에 관한 법률적 근거가 생긴 것이다.

이번 2018년 6월 대법원 판결에서는 시내버스 운전기사들이 회사의 지시에 따라 통상적으로 하루 3~7회 노선을 운행하는데, 운행 사이에 대기하는 시간이 근로시간에 해당하는지가 문제되었다. 원고들(노동자)은 대기 시간이 교통 상황과 날씨, 승객 수 같은 외부 요인에 따라 일정하지 않고, 배차 담당자의 지시에 따라 대기 시간에 차량 정비와 검사, 차량 청소 등 운행 준비를 해야 했으니 대기 시간은 근로시간에 포함된다고 주장했다. 피고들(사용자)은 사전에 작성된 배차 시간표에 운행 버스의 출발 시각이 미리 정해져 있고, 운전기사들이 대기 시간 중에 휴게실에서 휴식을 취하거나 식사하는 등 자유로이 이용했으므로 대기 시간은 근로시간에서 제외해야 한다고 주장했다.

1심과 2심 재판부는 운행 대기 시간이 근로시간에 해당한다고 판단해 원고들의 손을 들어주었다. 그러나 대법원은 운행 대기 시간에는 근로시간에 해당하지 않는 시간이 포함되어 있으므로 대기 시간 전부가 근로시간에 해당한다고 볼 수는 없다고 판단했다.

판결 이유로 다음과 같은 점을 들었다. 회사가 대기 시간에 운전기사들에게 업무 지시를 했다고 볼 만한 자료가 없고, 도로 사정 등으로 버스 운행이 지체되어 배차 시각을 변경해야 할 예외적인 경우가 아닌 한 회사가 운전기사들의 대기 시간 활용에 대해 간섭하거나 감독할 업무상 필요성이 크지 않으며, 대기 시간이 다소 불규칙하기는 했으나 다음 운행 버스의 출발 시각이 배차 시간표에 미리 정해져 있었으므로, 운전기사들이 이를 휴식을 위한 시간으로 활용하는 데 큰 어려움이 없었을 것으로 보인다는 것이다.

즉 기존에 법원이 사용자에게 대기 시간을 휴게 시간으로 인정하는 데 엄격한 입증을 요구한 것과 달리, 이번에는 오히려 노동자에게 대기 시간 중 사용자의 지휘·명령이 있었는지 엄격히 입증할 것을 요구한 것으로 보인다. 또 운전기사들이 대기 시간 중에 차량 정비와 검사, 차량 청소 등 운행 준비를 하는 외에 자유로이 식사하거나 휴식을 취하기도 했으니, 이를 구별해 사용자의 지휘·감독이 분명히 존재할 때에만 근로시간으로 인정해야 한다고 보았다.

하지만 대기 시간에 관한 유일한 법적 근거인 근로기준법 제50조

3항에 따라 '작업을 위해' '사용자의 지휘·감독 아래'에 있는 대기 시간은 전부 근로시간으로 봐야 한다. 시내버스 운전기사들이 배차 담당자의 지시에 따라 하루 3~7회 운행하는 동안 운행과 운행 사이에 대기 시간이 필연적으로 발생한다. 대기 시간은 다음 운행을 위한 시간이므로 당연히 '작업을 위한' 시간에 해당한다(다음 운행이 없다면 대기 시간도 발생하지 않는다).

또 피고 회사를 비롯한 시내버스 운수회사 대부분엔 운전기사 외에 배차 담당자가 있다. 배차 담당자는 대기 중인 운전기사에게 당일 교통 상황에 따라 앞차와의 일정한 시간 간격을 두고 운행을 지시하고, 운전기사는 이에 맞춰 앞차와 일정한 간격을 유지하며 운행할 의무가 있다. 비록 배차 시간표에 회차별 출발 시간이 공고되어 있더라도 전회에 출발한 버스가 교통 상황, 날씨, 승객 수 같은 외부 요인에 따라 정시에 도착하는 경우가 많지 않고, 차량 정비가 필요하거나 동료 기사가 지각이나 결근을 해 회차 순번이 바뀌기도 해서, 대기 시간 중에 배차 담당자의 지시에 따라 운행에 나서야 하는 경우가 빈번히 발생한다. 항소심 판결이 "대기 시간이 2분이나 5분, 8분 등 10분 미만인 경우도 수회 있다"고 하고, 이번 대법원 판결도 "대기 시간이 다소 불규칙하다"고 한 것도 이러한 운행 대기 시간의 특수성을 반영한 것이다. 따라서 운전기사들은 대기 시간 중에도 '사용자(배차 담당자)의 지휘·감독 아래' 있다고 보는 것이 타당하다.

대법원 판결은 대기 시간 중 자유로이 식사를 하거나 휴식을 취하는 시간과 차량을 정비하고 검사하고 청소하는 운행 준비 시간을 구분하라고 요구한다. 사용자가 노동자에게 휴게 시간을 부여했다고 하려면 원칙적으로 미리 그 시간을 뚜렷이 정해 노동자가 그동안 사용자의 지휘·감독에서 벗어나 자유로이 휴식할 수 있도록 해야 한다. 그러나 이번 사건에선 매회 달라지는 전회 차량의 도착 시간과 배차 간격, 개별 차량의 상태, 동료 기사의 출퇴근 상황 등에 따라 배차 담당자가 그때그때 대기 시간을 부여함에 따라, 대기 시간 중 운행 준비 시간과 휴식 시간이 사전에 일정하게 주어지지 않았다. 오히려 운전기사들은 대기 시간 중에 배차 담당자의 지시에 따라 그때그때 운행 준비를 하거나 식사를 해야 했으므로 대기 시간 내내 사용자의 지휘·감독권 아래에 있었다고 봐야 한다.

특히 원고들이 승객과 시민들의 안전과 직결된 대중교통을 운행하는 이라는 점을 고려하면 대기 시간을 휴게 시간으로 인정하는 데 좀 더 엄격한 해석이 필요하다. 다른 사건에서 서울행정법원은 시내버스 운전기사에 대해 "운전 업무자로서 승객을 비롯한 교통 관여자들의 생명과 신체를 보호할 의무는 근로계약 이전에 사회 공동체에 의해 부과된 것으로 원고(사용자)와의 근로계약으로 그 본질적인 내용을 바꿀 수 없다"고 했다. 대중교통 종사자로서 승객과 시민의 안전을 보호할 의무는 사회 공동체에 의해 부여된 것이니 사용자와의 근로계약으로 바꿀 수 없다고 판단한 것이다(서울행정법원 2018.2.9. 선고 2017구합3601 판결. 원고가 항소를 포기해 판결이 확정됐다).

그리고 시내버스 운전기사는 일반 사무직 노동자와 달리 운행 도중에 식사를 하거나 생리 현상을 해결할 수도 없다. 대기 시간 없이 운행 업무만 계속하는 것 자체가 불가능하고, 안전을 위해서라도 일정 시간 운행한 후 휴식을 취하는 것이 반드시 필요하다. 따라서 시내버스 운전 업무에서 대기 시간은 업무에 필수적으로 수반되는 업무 보조 시간으로 볼 수 있다. 특히 이번 사건처럼 대기 시간이 2분, 5분, 8분 등 10분 미만으로 부여된 경우도 상당한데, 이러한 초단기의 대기 시간은 근로자의 자유로운 이용이 보장된 휴식 시간이라기보다는 식사와 생리 현상 해결을 위한 최소한의 업무 준비 시간으로 보는 것이 타당하다. 이러한 대중교통 종사 업무의 특수성을 고려한다면, 이번 판결은 시내버스 운전기사의 운행 대기 시간에 엄격한 기준을 적용해, 노동자의 자유로운 이용이 보장되었는지를 판단했어야 한다.

노동자가 더는 제 시간을 남에게 내어주지 않고 온전히 제 삶을 위해 쓰기 위해서는 노동시간 단축이 절실하다. 대기 시간은 '쉬어도 쉬는 게 아닌 시간'이다. 노동자가 편히 쉴 수 없는 시간을 휴게 시간으로 쉽게 인정하면 근로시간은 더 늘어나게 된다. 특히 시민의 안전 문제와 직결된 대중교통 종사자에 대해서는 업무 도중에 필수적으로 휴식 시간을 부여하고, 엄격한 기준으로 노동자의 자유로운 이용이 보장되는지를 판단해야 한다. 법원은 노동법의 역사와 함께 노동시간 단축의 의의를 다시 한 번 되새기고, 시간을 빼앗긴 노동자에게 삶을 돌려줄 방법을 강구해야 한다. 대기하는 노동자는 결코 자유롭지 않다.

대법원 2부(주심 조재연) 2018.6.28. 선고 2013다28926 판결

두뇌가 납치된 상황,
그래도 피해자가 저항하라고?

: 필리핀 처제 성폭력 사건에서 강간죄 '항거' 기준의 문제점

현지현 변호사(법무법인 덕수)

우리 형법상 강간죄가 성립하려면 폭행·협박으로 사람을 강제로 간음했다는 요건에 해당해야 한다. 그런데 법원은 강간죄의 요건인 '폭행·협박'이 피해자의 항거(저항)를 불가능하게 하거나 현저히 곤란하게 할 정도의 것이어야 한다고 해석하고 있다. 그 바람에 수많은 가해자들이 무죄 판결을 받아왔다. 피해자가 가해자에게 적극 맞서 싸우거나, 재빨리 도망가거나, 주위에 도움을 청할 여지가 있었는데도 그렇게 하지 않았다는 점에 비춰보면 가해자가 피해자에게 저항할 수 없는 정도의 폭행·협박을 한 것은 아니라는 이유다.

2017년 2월 제주에서 일어난 친족 성폭력 사건의 1심 판결도 마찬가지였다. 법원은 언니의 결혼식에 참석하기 위해 한국에 온 필리핀 국적의 처제를 성폭행한 형부에게 무죄를 선고했다. 체구가 작은 편인 피고인이 피해자의 팔을 잡고 몸을 누르는 것만으로는 피해자를 제압할 수 없었을 것이라는 점, 피해자가 피고인을 피해 도망가거나 다른 방에서 자고 있는 아버지와 오빠에게 도움을 요청하지 않은 점 등을 들어, 피고인이 피해자의 저항을 불가능하게 하거나 현저히 곤란하게 할 정도의 폭행·협박을 했다고 볼 수 없다고 판단해 무죄를 선고했다.

하지만 극도로 당혹하고 공포에 질린 피해자에게, 최선의 능력을 다해 반격하거나 도피해서 구조 요청을 하도록 요구하는 것이 과연 온당한가?

'편도체의 두뇌 납치'

당신은 구석기 시대, 손도끼를 손에 쥔 인간이다. 토끼를 사냥하러 다니는 참이다. 그런데 갑자기 커다란 호랑이가 눈앞에 나타났다. 당신은 어떻게 반응했을까? 애써 용기를 끌어올려 호랑이와 싸울 수도 있다. 큰 소리를 질러 동료들을 불러 모을 수도 있다. 어떻게든 도망가기 위해 내달릴 수도 있다. 그러나 공포에 질려 몸이 뻣뻣이 굳는 바람에 꼼짝 못 할 수도 있다. 이러한 반응 모두 폭력에 마주쳤을 때 나올 수 있는 정상적이고 일반적인 것이다. 즉시 자리를 피하는 것과 꼼짝 못 하는 것, 둘 다 본능적인 반응 형태다.

이렇게 사람이 극도의 흥분 상태에 빠질 때에는 생존에 필요한 신체 기능을 담당하는 소뇌 편도체가 뇌 전체를 지배한다. 이성적 사고를 담당하는 대뇌 전두엽의 조절 기능은 거의 상실된다. 이를 두고 '편도체의 두뇌 납치amygdala hijack'(편도체가 뇌의 지배권을 장악하는 현상)라고 한다. 편도체는 심장을 빠르게 뛰게 하고, 위장 기능을 낮추고, 근육을 긴장시킨다. 더욱 빠르게 달아나거나, 호랑이의 눈에 띄지 않게 숨어 있도록 준비하는 것이다. 반면에 호랑이와 싸우기 위해 용기를 내거나 동료들에게 구조를 요청하는 것은 모두 이성이 개입된 두뇌 작용의 결과다. 편도체에 납치된 두뇌에게 기대하기는 어렵다.

성폭력 피해 상황도 마찬가지다. 위기 상황에 맞닥뜨린 두뇌는 편도체에 납치된다. 피해자는 심리적·정신적으로 몹시 위축되며, 자신이 평소에 할 수 있었던 일도 하지 못하게 되기도 한다. 이는 생존 본능의 영역에서 벌어지는 일이다. 그런데도 법원은 피해자가 '객관적으로' '충분히' 저항했는지를 놓고 강간죄 성립 여부를 심리한다.

2심 법원은 1심 판결을 파기하고 피고인에게 징역 7년을 선고했다. 피해자는 심리적·정신적으로 매우 위축되면서 극도의 공포에 사로잡혔는데, 피고인은 이러한 피해자를 강제로 끌고 가 피해자의 양손을 자신의 손으로 잡아 제압하고 자신의 몸으로 피해자의 몸을 눌렀는바, 이와 같은 유형력 행사는 피해자의 저항을 불가능하게 하거나 현저히 곤란하게 할 정도의 폭행에 해당한다는 것이다. 또 극도로 긴장하고 위축된 상태에서 상황 인식과 판단력이 현저히 제한될 수밖에 없는 피해자에게 객관적으로 볼 때 충분한 방법으로 구조 요청을 하거나 피고인에게서 벗어날 조치를 취할 것을 기대하기는 어렵다고 설명하기도 했다.

(피해자는 당시 심리 상태에 관해 "무서워서 몸이 차가웠고, 떨렸고, 힘이 없었다" "소리를 지르고 싶었는데 소리가 나오지 않았다"고 진술했다. 이는 편도체의 두뇌 납치가 일어났을 때 전형적으로 나타나는 증상이다.)

2심 판결은 "피해자의 항거를 불가능하게 하거나 현저히 곤란하게 할 정도의 폭행·협박이 있었는지는 폭행·협박의 내용과 정도, 유형력을 행사하게 된 경위, 피해자와의 관계, 성교 당시와 그 후의 정황 등 모든 사정을 종합해 피해자가 성교 당시 처했던 구체적인 상황을 기준 삼아 판단해야 한다"는 대법원의 2005년 판결을 인용하면서, '피해자가 처했던 구체적인 상황'이란 객관적·합리적으로 사고하는 제삼자의 기준이 아니라 피해자가 당시 겪었던 심리적·정신적 상태의 기준에서 판단해야 한다고 했다.

   피고인이 피해자의 위축 상황을 인식했는지와는 관계없이, 피해자가 극도로 긴장하고 위축된 상태인 경우 피고인이 몸부림치는 피해자를 자신의 몸으로 눌러 제압하는 정도만으로도 강간죄의 폭행으로 인정할 수 있다고 본 것이다. 유형력의 정도가 약했으니 강간할 의도가 없었다는 식의 변명은 향후 힘을 잃을 것으로 보인다.

   2심 판결은 피해자의 상태를 기준 삼아 폭행·협박의 정도를 판단했다는 점에서 분명 진일보한 판결이다. 그래도 강간죄의 폭행·협박이 피해자가 저항할 수 없는 정도여야 한다는 판례의 기본 입장 자체는 달라지지 않았다. 구성요건으로 이러한 고도의 폭행·협박을 요구하는 범죄는 강간죄와 강도죄 정도다. 피해자가 저항할 수 없는 정도의 폭행·협박이 있었음을 입증하지 못할 것을 우려해 강간 피해 사실을 신고하지 못하는 경우는 부지기수다. 유엔 여성차별철폐위원회(CEDAW)는 강간을 정의할 때 피해자의 '저항 가부'가 아니라 '성관계 동의 여부'를 중점에 둬야 한다고 권고한다. 현재 국회에는 이러한 취지를 반영한 '비동의 간음죄' 신설을 위한 법안이 여럿 발의되어 있기도 하다. 앞으로 비동의 간음죄 신설뿐 아니라 강간죄의 구성요건에 대해서도 충분한 논의가 필요하다.

광주고등법원 제주형사1부(재판장 이재권) 2018.3.14. 선고 2017노67 판결

광장의 성난 민심이 스스로
민주공화국의 시민임을 확인하다

: 박근혜 대통령 탄핵 심판

이종수 교수(연세대 법학전문대학원)

"주문, 피청구인 대통령 박근혜를 파면한다"

최종 선고가 예정된 2017년 3월 10일 오전 11시, 말 그대로 폭풍 전야의 팽팽한 긴장감이 헌법재판소와 주위를 가득 에워싸고 있었다. 그 시각 온 국민의 시선이 한곳에 모였다. 2016년 12월 9일 국회에서 박근혜 대통령에 대한 탄핵소추안이 가결되고 나서 3개월이 흘렀다. 그새 헌법재판소에서는 3차례 변론 준비 기일과 17차례 변론 기일을 통해 변론과 증거 조사가 진행됐다. 최근에 뒤늦게 알려졌듯이 그 시간에 청와대와 군 일각에서는 만일 탄핵이 기각되는 경우 위수령을 발동하고 심지어 계엄을 선포하기로 준비했다 하니 실로 전운이 감돌았다고 해도 과언이 아닐 터다.

숨 가쁘게 진행돼온 탄핵 정국은 피청구인 박근혜 대통령의 파면으로 막을 내렸다. 이것이 해피엔딩인지 새드엔딩인지는 모를 일이다. 어쨌든 현직 대통령이 임기 중에 직에서 쫓겨나는 것이 유감스러운 일임은 분명하다. 필자 또한 한 시민으로서 짐작과는 다르게 그가 대통령직을 잘 수행해서 자신을 지지하지 않았던 많은 이를 부끄럽게 만들어주기를 진정 바랐다. 그런데 실망은 기대의 좌절이라고들 한다. 애당초 기대한 바가 적었으니 크게 낙담할 일도 아닌 셈이다. 스모킹 건이 된 문제의 태블릿 피시도 탓할 일이 아니다. 마지막 한 짐이 지친 낙타를 쓰러뜨린 게 아닌 것처럼.

여느 시민과 마찬가지로 결정 선고가 있기까지 대다수 법학자들은 드러난 비리 사실로 판단할 때 이번 탄핵 심판에서 인용 결정이 불가피하다고 보았다. 그래서 헌법재판관 전원이 일치된 의견으로 대통령 파면을 결정한 것은 지극히 당연한 결과였다. 이번 결정이 있고 나서 일각에서는 정치적 재판이라며 강하게 반발한다. 헌법재판이 본질적으로 정치적 사법 작용이기에 일부는 맞는 말이다. 그렇다고 해서 자의적인 재판은 결코 아니다. 지난 2004년 노무현 대통령 탄핵 심판(2004헌나1)에서 나온 기각 결정이 이를 방증한다.

국회가 제기한 여러 탄핵 소추 사유를 두고 헌법재판소는, 첫째 비선 조직에 따른 인치주의로 국민주권과 법치국가 원칙 등 위배, 둘째 대통령의 권한 남용, 셋째 언론의 자유 침해, 넷째 생명권 보호 의무 위반과 직책 성실 수행 의무 위반 등 네 유형으로 소추 사유를 다시 정리했다. 구두 변론 과정에서 대통령 측 소송 대리인들은 탄핵 심판의 적법 요건과 관련해 소추 사유가 불특정하고, 탄핵소추안의 국회 의결 절차가 위법하며, 8인 재판관에 의한 탄핵 심판 결정은 부당하다고 문제 삼았다. 하지만 헌법재판소는 주장들을 조목조목 따져 모두 배척하며 탄핵 소추가 적법하다고 밝혔다.

"대통령에 대한 파면 결정은 국민이 선거를 통해 대통령에게 부여한 민주적 정당성을 임기 중 박탈하는 것으로서 국정 공백과 정치적 혼란 등 국가적으로 큰 손해를 가져올 수 있으므로 신중히 이뤄져야 한다. 따라서 대통령을 탄핵하기 위해서는 대통령의 법 위배 행위가 헌법 질서에 미치는 부정적 영향과 해악이 중대해 대통령을 파면함으로써 얻는 헌법 수호의 이익이 대통령 파면에 따르는 국가적 손실을 압도할 정도로 커야 한다. 즉 '탄핵 심판 청구가 이유 있는 경우'란 대통령의 파면을 정당화할 수 있을 정도로 중대한 헌법이나 법률 위배가 있는 때를 말한다."

이 부분에 관한 판단 법리는 노무현 대통령 탄핵 심판 사건에서 이미 정리된 바가 있기에 헌법재판소는 이를 거듭 재확인한 셈이다.

혼군방벌, '어리석은 임금을 내치다'

관건은 대통령의 법 위배 행위가 '중대한지'에 달려 있었다. 헌법 재판소는 최순실 등의 사익 추구를 위해 헌법과 국가공무원법 등에서 정하는 공익 실현 의무를 위반한 점, 사익을 추구할 목적으로 기업들에게 거액의 기금을 출연하라고 강요해 헌법상 보장되는 기업의 자유와 재산권을 침해한 점, 중요한 국가 기밀이 포함된 다수 문건을 유출해 국가공무원법상 비밀 엄수 의무를 위배한 점을 확인했다. 또 그간 검찰과 특검 조사에 불응하는 등 대통령의 헌법 수호 의지가 박약한 것을 탓하면서, 헌법과 법률에 위배된다고 인정된 여러 소추 사유가 국민의 신임을 배반한 행위로서 헌법 수호의 관점에서 용납될 수 없는 중대한 법 위배 행위라고 밝혔다.

그리고 이러한 법 위배 행위가 헌법 질서에 미친 부정적 영향과 파급 효과가 중대하므로 국민에게서 직접 민주적 정당성을 부여받은 피청구인을 파면함으로써 얻는 헌법 수호의 이익이 대통령 파면에 따른 국가적 손실을 압도할 정도로 크다고 확인하고서 재판관 전원 일치의 의견으로 파면을 결정했다. 여기에 세월호 참사 대응과 관련해 성실한 직책 수행 의무를 위반한 점을 밝히는 김이수, 이진성 재판관의 보충의견, 이른바 '제왕적 대통령제'가 지니는 구조적 문제점을 지적하면서 관련 헌법 개정을 촉구하는 안창호 재판관의 보충의견이 덧붙여졌다.

재판관 전원 일치로 나온 탄핵 인용 결정임에도 불구하고, 일부 소추 사유에 대한 법 위반이 받아들여지지 않은 부분은 못내 아쉽다. 헌법 제84조에서 정하고 있는 '형사 불소추 특권' 때문에 현직 대통령을 강제 수사하기가 어렵고, 검찰과 특검의 조사에도 불응하는 상황에서 헌법재판소의 증거 조사에 나름 한계가 있다는 사실에 한편 수긍하지만, 헌법재판소가 결정문에서 거듭 확인하듯이 탄핵 심판의 본질과 성격이 형사재판과는 다르다는 것을 전제한다면 이 부분은 좀 더 적극적으로 달리 판단할 수 있었다고 본다. 결과적으로 헌법재판소로서는 중대한 법 위반으로 인정되는 소추 사유들로도 피청구인의 파면이 불가피하다는 판단을 확보했지만, 만일 기각 결정이 내려졌다면 헌법재판소가 인정하지 않은 일부 소추 사유가 두고두고 내내 시빗거리가 됐을 것이다.

헌법재판소의 탄핵 인용 결정이 나오고 나서 관련 여러 사건에 대한 특검의 본격적인 수사와 기소가 있었으며 법원의 재판이 진행되고 있다. 그 과정에서 세월호 사고 이후 대통령에 대한 최초 보고 시간과 당일 동선 등이 조작되고 은폐되었음이 드러났고, 아직 최종 심급은 아니지만 문화체육관광부 고위 공무원에게 사직을 강요한 행위 등에 대해 박 전 대통령과 김기춘 전 대통령 비서실장에게 유죄가 선고됐다. 헌법재판소가 받아들이지 않은 일부 소추 사유가 정당했음이 뒤늦게 확인된 셈이다. 이로써 김이수, 이진성 두 재판관이 덧붙인 보충의견에 아쉬운 눈길이 쏠리고, 한편 다행스럽기도 하다.

이번 결정이 나온 뒤 수많은 촛불은 들불로 번지지 않은 채 조용히 사그라들었고, 광장은 어린아이들의 웃음소리로 다시 떠들썩하다. 선거를 통해 새로운 대통령이 선출되고서 그간 북핵으로 인해 일촉즉발의 긴박한 위기 상태에 놓여 있던 한반도는 평화 체제 구축을 위해 남북한 정상들이 대화하며 복잡하게 얽힌 실타래를 하나씩 풀어나가고 있다. 흔히들 재판이 분쟁의 평화적 해결 수단이라고 말하는데, 이번 결정은 정치 공동체에 다시 평화를 가져오고 민주 헌법 국가에서는 헌법적 질서에 반하는 그 어떤 무소불위의 권력도 존재할 수 없다는 당연하고도 값진 결과를 남겼다. 최근 불거진 '양승태 대법원'의 사법 농단에 당면해서도 관련 법관들에 대한 탄핵 역시 더는 금기가 아니게 된 셈이다. 아마도 수십 년이 흐른 후에는 이번 국정 농단 사건과 촛불 집회가 믿기지 않는 우화로 회자되겠지만, 헌법재판소의 이번 결정은 그것이 그대로 사실이었음을 내내 웅변할 것이다.

헌법재판소(주심 강일원) 2017.3.10. 선고 2016헌나1 결정

영장주의의 예외는
예외답게 좁고 엄격해야

: 체포영장 집행시 별도 영장 없이 주거 수색 헌법불합치

하태훈 교수(고려대 법학전문대학원)

경찰이 체포영장을 발부받았다고 체포영장을 집행하는 과정에서 피의자가 있을 개연성이 높은 건물에 별도의 압수수색 영장 없이 함부로 들어가도 되는가. 이는 이른바 긴급 압수수색으로서 사전 영장주의의 예외에 해당하는가. 그렇다면 압수수색 영장 없이 체포영장만으로 피의자를 수색하는 경찰의 행위는 정당한 공무 집행인가. 현행 형사소송법 제216조 1항은 영장에 의한 체포(제200조의2), 긴급체포(제200조의3), 구속(제201조), 현행범인 체포(제212조)의 경우, 필요한 때에는 영장 없이 타인의 주거나 타인이 간수하는 가옥, 건조물, 항공기, 선차 내에서 피의자를 수사할 수 있도록 규정하고 있다. 여기서 피의자 수사는 수색의 의미이며, 영장주의의 예외를 규정하고 있다.

그러나 이제는 아니다. 체포영장만으로 건물에 들어가 피의자를 수색하는 경찰의 집행은 위헌적이고 불법이다. 헌법재판소는 제216조 1항 중 '영장에 의한 체포'(제200조의2)의 경우에는 따로 압수수색 영장을 발부받아야 피의자를 수색할 수 있다고 결정했다. 체포영장을 발부받았다면 따로 압수수색 영장을 발부받을 수 없는 긴급한 사정이 있다고 보기 어렵다는 것이다. 체포영장이 발부된 피의자가 타인의 주거 등에 있을 개연성은 소명되나 수색에 앞서 영장을 발부받기 어려운 긴급한 사정이 인정되지 않는 경우에도 영장 없이 피의자를 수색할 수 있다는 의미로 형사소송법 제216조 1항을 해석한다면, 이는 헌법 제16조에 규정한 영장주의에 위반되어 헌법에 합치되지 않는다는 것이다.

사건의 개요는 이렇다. 한국철도공사가 철도노조 위원장 등 집행부가 2013년 12월 벌인 대정부 파업에 대해 업무방해 혐의로 고소했다. 경찰은 체포영장을 발부받아 피의자 등이 경향신문사 건물 내에 있는 민주노총 사무실에 있을 개연성이 높다고 보고 체포영장을 집행하려고 건물 1층의 로비 출입구와 민주노총 사무실의 출입문을 부수고 수색했으나 이들을 발견하지 못했다. 이 과정에서 민주노총과 철도노조 조합원 일부가 경찰의 수색을 방해했다는 이유로 공무집행방해 혐의로 기소되었고, 1심에서 유죄 판결을 선고받았다. 이들은 항소심에서 체포영장 집행을 위한 피의자 수색의 근거가 된 형사소송법 제216조 1항 1호 중 제200조의2에 관한 부분에 대해 위헌법률심판 제정을 신청했다. 신청이 기각되자 헌법소원 심판을 청구했다. 공무 집행을 방해했다는 혐의로 1심에서 유죄 판결을 선고받은 다른 피고인도 항소심에서 이 조항에 대한 위헌법률심판 제정을 신청했고 해당 재판부가 이를 받아들인 것이다.

형사소송법 제216조 1항에 열거된, 영장 없이 강제처분이 허용되는 경우는 긴급체포나 현행범인 체포처럼 강제처분을 해야 할 '필요성'뿐 아니라 당연히 영장 없이 강제처분을 해야 할 '긴급성'이 전제된 것이다. 체포영장을 발부받을 시간적 여유가 없어 영장 없이 체포할 필요성을 이유로 이를 허용했다면, 피의자를 체포하기 위해서는 그가 소재한 곳을 영장 없이 수색해야 할 긴급성이 있다. 그런데 체포영장이 발부된 경우라면 압수수색 영장을 발부받을 시간적 여유까지 없는 긴급한 상황은 아니다. 제216조 1항의 네 유형(영장에 의한 체포, 긴급체포, 구속, 현행범인 체포) 중 긴급체포와 현행범인 체포는 긴급성을 내포한다는 점에서 영장에 의한 체포나 구속과는 성질이 다르기 때문에 동일하게 취급해서는 안 된다.

　헌법은 제12조 3항에서 인신을 구속할 때 영장주의의 예외가 있음을 인정하고 있다. 그런데 제16조는 주거 보장을 규정하면서 주거지에서 압수나 수색을 할 경우 영장주의를 천명하며 예외를 두고 있지 않다. 영장주의 원칙의 취지를 고려해보면, 인신 구속에서 영장주의의 예외를 인정하기보다는 주거지 압수수색에서 영장주의의 예외를 인정하는 것이 타당할 것 같다. 하지만 앞에서 말했듯이 헌법은 거꾸로 되어 있다. 주거지 압수수색에서 영장주의의 예외는 헌법이 아니라 형사소송법에 규정되어 있다. 긴급 압수수색이 바로 그것이다.

　예외는 예외다워야 한다. 헌법에는 예외를 두고 있지 않은데 형사소송법에 예외가 규정되어 있기 때문에 더욱 그러하다. 예외 규정은 말 그대로 엄격히, 영장주의 원칙의 취지가 몰각되지 않도록 좁게 규정되고, 해석 적용되어야 한다. 긴급을 요하는 경우란 판사의 명령을 받느라고 지체하면 압수수색의 목적을 달성할 수 없는 상황을 말한다. 단순히 추측에 불과하거나 조사를 하지 못할 위험이 있다는 것만으로는 부족하다. 사실에 근거한 특별한 조건이 발생해 증거가 인멸될 것으로 보이는 급박한 상황이어야 인정되는 것이다.

올해로 창립 30주년을 맞은 헌법재판소가 국민의 기본권 보호의 최후 보루로서 역할을 충실히 하고 있다. 그동안 900건이 넘는 위헌 결정이 있었다는 것은 한편으로는 헌법 해석의 권한으로 국민의 권리를 지켜낸 대단한 성과라고 평가할 수 있다. 다른 한편으로는 입법 기관인 국회가 입법 과정에서 국민의 기본권을 보장하는 데 투철하지 못했음을 드러낸 것이기도 하다. 물론 형사소송법은 1950년대에 제정되면서 당시의 미흡했던 인권 의식이 반영된 것이지만, 그래도 이제야 위헌적 규정이 발견되었다는 것은 형사법 학자와 법률가들이 반성해야 할 부분이다.

인권 감수성이 높은 법률가가 많아지면서 시민의 자유와 권리를 확대하고 보장하는 판결과 결정이 늘고 있다. 헌법재판소의 30년 역사에서 인신 구속에 관한 형사소송법 분야에서 헌법불합치 결정이 나온 것은 이번이 처음이다. 헌법 제16조는 제12조 3항과는 달리 예외에 관한 명문이 없는데도 적극적 해석을 했다는 점과 헌법 개정을 제안하고 있다는 점도 긍정적이다. 헌법재판소는 형사소송법 제216조 1항의 영장에 의한 체포 부분은 위헌이지만, 2020년 3월 31일까지 입법자가 조항의 위헌성을 없애고 합헌적인 내용으로 법률을 개정하라고 주문했다. 덧붙이자면, 이번 위헌 결정과 마찬가지 근거

로 형사소송법 제201조(구속)도 위헌의 소지가 있다고 본다. 구속영
장을 발부받았다면 체포영장을 발부받은 경우와 마찬가지로 피의자
수색을 위한 압수수색 영장을 발부받을 시간적 여유가 있는 경우도
있을 수 있기 때문이다.

헌법재판소 2018.4.26. 선고 2015헌바370, 2016헌가7(병합) 결정

국가 안보를 위해 어느 정도
사생활은 포기하라고?

: 패킷 감청 헌법불합치 결정

오동석 교수(아주대 법학전문대학원)

이번 사건은 이른바 '패킷 감청'의 위헌성을 다투는 사안이다. 패킷 감청은 인터넷 회선 감청을 말한다. 즉 인터넷 회선을 타고 흐르는 전기 신호 형태인 '패킷packet'을 중간에 확보한 다음 재조합 기술을 거쳐 그 내용을 파악하는 감청이다. 따라서 특정한 개인뿐 아니라 동일한 인터넷 회선을 사용하는 다른 사람들까지 감청 대상이 되기 쉽다. 또 재조합하기 전 패킷 단계에서는 그 내용을 알 수 없기 때문에 수사기관은 일단 모든 통신 내용을 들여다볼 수밖에 없다. 감청 대상 범위가 매우 넓어지는 것이다.

국정원장은 A의 국가보안법 위반 사건을 수사하는 과정에서 A가 사용하는 휴대폰을 비롯해 전기통신을 감청했다. 2008년부터 2015년까지 법원에서 총 35차례 통신 제한(전기통신 감청) 조치를 허가받아 집행했다. 그중 2013년 10월 9일부터 2015년 4월 28일까지 사이에 B 연구소에서 A 명의로 가입한 인터넷 회선에 대해 6차례 통신 제한 조치를 했다.

A는 6차례 패킷 감청에 대한 법원의 허가, 국정원장의 감청 행위, 통신비밀보호법상 감청의 개념, 통신 제한 조치의 근거와 허가 절차 조항을 문제 삼았다. 그것이 통신의 비밀과 자유, 사생활의 비밀과 자유 등 기본권을 침해하고, 헌법상 영장주의, 적법 절차 원칙 등에 위반한다고 주장한 것이다. 헌법재판소는 통신 제한 조치의 근거 조항인 통신비밀보호법 제5조 2항이 헌법에 맞지 않으므로 2020년 3월 31일까지 개정하라면서 그때까지는 일단 해당 조항을 적용하라고 결정했다.

개인정보 인권의 상황

'국가 안보를 위해 어느 정도의 사생활은 기꺼이 포기해야 한다' '숨길 게 없다면 정부가 감시한다고 해서 걱정할 필요가 없다' '우리는 안보 당국이 내린 결론을 함부로 의심해서는 안 된다' 등의 말을 듣곤 한다. 사생활과 안보 중 어느 것이 우선하는가 하는 논쟁은 심각한 문제가 있다. 사생활의 자유는 안보 논리에 의해 쉽게 폄훼된다. 국가 안보에 대한 우려는 즉각적이라 개인의 생명이나 신체를 뒷전으로 돌리는 효과를 낳는다. 반면 사생활의 자유와 권리는 다소 추상적이고 모호하다. 특히 한국에서 개인의 자유와 권리는 분단 상황 때문에 오랫동안 반공 이데올로기에 짓눌렸다. 많은 사람이 공공의 안전을 위해 개인의 사생활을 어느 정도는 포기해야 한다고 쉽게 말한다. 안보 강화를 역설하는 사람들은 사생활과 안보가 이렇게 근본적으로 상충하는 관계인 것처럼 보이게 하는 화법을 구사한다.

그런데 인권을 보장하지 않는 국가는 외부의 폭력 못지않게 위험하다. 범죄 수사를 맡은 권력은 사법 정의를 실현할 목적을 갖고 있기는 하지만 시민 위에 군림할 수 있는 막강한 힘이다. 인권을 침해할 가능성이 가장 높은 권력작용이어서 엄격히 규제해야 한다. 특히 수사 권력이 정보통신 기술을 활용하는 것을 통제하지 못한다면, 헌법 자체가 치명적인 약점을 드러낸다. 헌법의 법리가 급변하는 정보통신 기술을 따라잡을 수 없는 상황에서 규제의 근거 규정이 없다는 이유로 수사 권력이 정보통신 기술을 사용하는 것을 허용해서는 안된다. 개별적이고 구체적인 권한을 부여함으로써 정보통신 기술을 사용하는 것을 규제해야 한다. 수사 권력은 이미 수사 방법과 도구를 충분히 갖고 있다.

오길영 신경대 교수는 디지털 컨버전스 문제를 제기한다. 오늘날 스마트폰과 노트북, 네비게이션, TV 등 기기들은 전통적인 단일 기능에 머물러 있지 않다. 디지털 기술이 발전함에 따라 유선과 무선, 방송과 통신, 통신과 컴퓨터 등에서 기술과 산업, 서비스, 네트워크 간의 구분이 모호해지면서 새로운 형태의 융합 상품과 서비스가 등장했다. 인터넷 회선은 그 모든 것을 연결하는 매체다. '개인 식별 정보'(PII: personally identifying information)라는 개념에 근거한 규제는 이제 통하지 않는다. 개인 식별 정보는 주로 이름이나 고유 계정 번호 등을 말한다. 하지만 개인 식별 정보는 데이터 양의 문제이기도 하다. 익명의 정보라도 개인정보를 많이 가지면 가질수록 개인을 찾아내기는 쉽다.

입헌 민주주의 국가에서는 국가권력이 해서는 안 될 일이 반드시 폭넓게 존재해야 한다. 그것이 인권의 보호 범위다. 기술의 발전 영역은 인권을 보장하기 위해 국가권력이 절대 해서는 안 되는 금지 원칙을 정립해야 할 핵심 영역 중 하나다.

오길영은 오늘날 사람들의 삶이 디지털 없이 생각하기 어렵고 그래서 디지털 그 자체가 삶이라고 말한다. 디지털을 감청하는 것은 결국 삶 전체를 감청하는 것이다. 인터넷 회선 감청을 허용하면 수사기관은 타인 간 통신과 개인의 내밀한 사생활 영역에 해당하는 통신 자료까지 취득할 수 있게 된다. 따라서 법원에서 통신 제한 조치를 허가받는 단계와 집행하고 이후 처리하는 단계에서 수사기관의 권한 남용을 방지하고 관련 기본권 제한을 최소화하도록 입법적 조치를 제대로 마련해야 한다.

헌법재판소의 위헌 논증

통신비밀보호법은 '범죄를 계획 또는 실행하고 있거나 실행했다고 의심할 만한 충분한 이유가 있는 경우' 보충적 수사 방법으로 통신 제한 조치를 활용하도록 요건을 정하고 있다(제5조). 또 법원의 허가 단계에서 특정 피의자 또는 피내사자의 범죄 수사를 위해서는 각 피의자별 또는 피내사자별로 통신 제한 조치를 허가하도록 제한하고 있다(동법 제6조 참조).

그런데 패킷 감청은 해당 인터넷 회선을 통해 흐르는 불특정 다수인의 모든 정보가 패킷 형태로 수집되어 일단 수사기관에 그대로 전

송되므로, 다른 통신 제한 조치(예컨대 전화 감청 등)에 비해 수사기관이 취득하는 자료가 비교할 수 없을 정도로 방대하다. 이때 불특정 다수가 하나의 인터넷 회선을 공유해 사용하는 경우가 대부분이라, 실제 집행 단계에서는 법원이 허가한 범위를 넘어 피의자나 피내사자의 통신 자료뿐 아니라 다른 이들의 통신 자료까지 수사기관에 모두 수집되어 저장된다. 인터넷 회선 감청에서 제삼자의 정보나 범죄 수사와 무관한 정보까지 수사기관이 수집해 보관하는지, 수사기관이 원래 허가받은 목적과 범위 내에서 자료를 이용하고 처리하는지 등을 감독하고 통제할 법적 장치가 강하게 요구되는 것은 이 때문이다.

통신비밀보호법은 관련 공무원 등에게 비밀 준수 의무를 부과하고(제11조), 통신 제한 조치로 취득한 자료를 사용하는 것을 제한하는(제12조) 규정 외에는 감청해서 얻은 막대한 양의 자료를 처리하는 절차에 대해 아무런 규정을 두고 있지 않다. 전기통신 가입자에게 집행 통지는 하게 돼 있으나 집행 사유는 알려주지 않아도 되고, 수사가 장기화되거나 기소 중지되는 경우 감청이 집행된 사실조차 알 길이 없도록 돼 있어(동법 제9조의2), 더욱 객관적이고 사후적인 통제가 어렵다. 또 감청해서 얻은 전기통신의 내용은 법원에서 허가를 받은 범죄와 관련되는 범죄를 수사하고 소추하거나 그 범죄를 예방하기 위해서도 사용 가능해서(동법 제12조 1호) 특정인의 동향을 파악하고 정보를 수집하는 데 남용될 가능성도 배제하기 어렵다.

그런데 해외에는 인터넷 회선 감청을 수사상 필요에 의해 허용하면서도, 관련 기본권이 침해되는 일을 최소화하기 위해 집행 이후 주기적으로 경과 보고서를 법원에 제출하도록 하거나, 감청을 허가한 판사에게 감청 자료를 봉인해 제출하도록 하거나, 감청 자료의 보관과 파기를 판사가 결정하도록 하는 등 수사기관의 자료 처리 과정에 대해 객관적으로 통제할 절차를 마련한 입법례가 상당수 있다.

통신비밀보호법의 통신 제한 조치 근거 조항은 인터넷 회선 감청의 특성을 고려해 집행 단계나 집행 이후에 수사기관의 권한 남용을 통제하고 관련 기본권의 침해를 최소화하기 위한 제도적 조치를 제대로 마련하고 있지 않다. 인터넷 회선 감청을 허용하는 것은 개인의 통신 및 사생활의 비밀과 자유에 심각한 위협을 초래한다. 그러므로 이 조항은 과잉 금지 원칙에 위반하는 것으로 위헌이다.

헌법재판소 결정에 대한 평가

이번 헌법불합치 결정을 일정 부분 긍정적으로 평가할 수는 있다. 과거 패킷 감청에 관한 헌법소원 심판 사건에서 청구인이 사망할 때까지도 심판하지 못한 것과 비교하면 그렇다. 당시 청구인은 2011년 3월 29일 헌법소원 심판을 청구했는데 2015년 9월 28일 사망했다. 2016년 2월 25일 헌법재판소는 심판 절차를 종료한다고 선언했다. 인권 구제에 소홀했으니 헌법재판소는 반성이 필요한 부분이다. 이번 사건에서 합헌이라고 결정하지 않은 것도 다행이다. 하지만 이번 결정은 헌법이 헌법재판소에 부여한 역할을 고려할 때 마땅히 해야할 가장 최소한의 것이었다.

패킷 감청은 한국 사회의 여러 문제가 응축돼 있는 사안이라 헌법재판소는 더욱 적극적인 판단을 했어야 한다. 과거 패킷 감청에 대한 판단을 받지 못하고 사망한 이를 위해서도 그렇다. 국정원의 수사가 초래하는 인권 침해 상황을 직시했어야 한다. 국민들은 인권 침해 방지 수단으로서 법원의 영장이나 허가를 믿고 있는데, 법원이 수사 기관의 요청을 견제하지 못하고 있는 현실과 직면해 법원을 통제했어야 한다. 그래야 통신 제한 조치 조항을 아예 위헌이라고 결정하지 못하고 계속 적용할 수밖에 없다고 한 것을 어느 정도 상쇄할 수 있기 때문이다.

헌법재판소는 물론 시민사회조차 간과하기 쉬운 함정은 법원이다. 법원의 판단에 맡기면 공정하고 객관적인 결과가 나오고 인권 침해를 방지할 수 있다는 생각은 환상이다. 비단 양승태 전 대법원장 체제에서 일어난 '사법 농단' 때문만은 아니다. 법원 조직과 재판 체계, 판례 동향 등 전반에 걸쳐 대대적인 사법 혁신이 필요한 시점이다.

법원을 통제할 필요가 있다. 민주적 정당성을 갖춘 국회가 제정한 법률조차 헌법재판소의 통제를 받는다. 그렇다면 인권의 관점에서 '법원의 재판'을 통제할 필요가 있다. 법원의 재판을 판단 대상에서 제외한 헌법재판소법 제68조 1항이 문제다. 헌법재판소는 통신 제한 조치에 대한 법원의 허가는 통신비밀보호법에 근거한 소송 절차 이외의 파생적 사항에 관한 법원의 공권적 법률 판단으로서 헌법소원의 대상에서 제외하고 있는 법원의 재판에 해당하므로 판단 대상이 아니라고 보았다. 헌법은 헌법재판소에 '법률이 정하는 헌법소원 심판' 권한을 부여했는데, 입법과 행정 외에 법원의 재판만을 헌법소원 심판의 대상에서 제외할 까닭이 없다. 국회는 그렇게 판단할 권한이 없다. 헌법은 법원의 재판도 헌법소원 심판의 대상이 됨을 전제로 해 구체적인 제도 형성을 국회에 맡긴 것이다.

그렇다면 이제 헌법재판소는 헌법소원 심판 대상에서 법원의 재판을 제외한 헌법재판소법 제68조 1항의 위헌성을 지적해야 한다. 헌법재판소를 절대적으로 신뢰해서도 아니고, 헌법재판소의 권력 확장을 위한 것도 아니다. 국가기관끼리 서로 견제하게 함으로써 개인의 인권 보호 장치를 두텁게 마련하려는, 오직 그 이유뿐이다. 이미 헌법재판소는 헌법재판소법 제68조 1항의 예외를 인정한 바가 있다. 한정위헌 결정의 효력을 확보하기 위해서다. 결국 헌법재판소는 자신들의 권위를 위해 권한을 행사한 것은 아닌지 반문하지 않을 수 없다. 헌법재판소는 인권의 이름으로, 주권자의 이름으로 법원의 재판을 심판하라! 국회는 헌법재판소법을 개정해 인권 사건에 한해 헌법재판소에 법원의 재판을 심판할 권한을 부여하라!

또 하나의 문제는 국정원이다. 헌법재판소는 이번 사건에서 감청 집행은 이미 끝났으니 헌법재판소가 결정을 내린다고 해서 이미 침해된 A의 권리를 보호하는 이익이 없다고 판단했다. 이번 사건의 근거가 된 법률 조항에 대해 판단을 하는 이상 감청 집행 행위를 별도로 심판할 실익이 없다는 것이다.

패킷 감청을 가장 활용할 만한 국가기관은 국정원이다. 국정원은 패킷 감청으로 수집한 자료를 반드시 증거로 제출해야 하는 것은 아니고, 패킷 감청으로 범죄 정황을 확인하고 추후 압수·수색을 통해 확보한 증거를 제출하는 것이 '최량 증거의 원칙'에 부합한다고 주장한다. 그것은 압수·수색에 의해 증거를 확보할 방법이 있음에도 패킷 감청이라는 기본적 인권을 중대히 침해하는 방법으로 수사를 진행했다는 고백이나 다를 바 없다.

이러한 점에서 오길영은 패킷 감청이 디지털 증거 절차의 도피처로 사용될 가능성이 매우 높다고 본다. 예컨대 전자우편에 대한 압수·수색은 까다로운 디지털 증거능력 획득 절차를 거쳐야 할 뿐 아니라 위법 수집 증거 배제 원칙의 검증을 거쳐야 하는 반면, 패킷 감청은 휘발성을 예정하고 있어 원본 개념이 없고 집행 횟수와 무관하게 감청 기간으로 허가를 얻기에 그런 절차가 불필요하기 때문이다.

국정원은 헌법과 통신비밀보호법을 위반해, 범죄행위를 수사한 것이라기보다는 사상 감시 차원에서 광범위한 사찰 수단으로서 패킷 감청을 이용한 것이다. 국정원의 패킷 감청은 통신 비밀과 자유, 사생활 비밀과 자유 그리고 사상의 자유를 침해한 것이다. 이는 정보기관으로서 본연의 임무를 넘어 수사권까지 가진 국정원의 권력 남용을 여실히 보여준다. 헌법재판소의 현실 인식을 비판할 수밖에 없다.

국가권력이 전통적인 헌법의 법리를 우회하고 통신기술 발전을 이용해 기본적 인권을 침해한다면, 헌법이 예정한 국가와 기본적 인권의 관계는 역전된다. 헌법 규범은 무용지물이 된다. 헌법재판소가 국가 안보에 대해 한 치의 빈틈도 없게 하려 한다면 개인의 기본적 인권은 숨 쉴 수가 없다.

감시 기술이 무한 확장하고 놀라운 속도로 발전하는 것에 비춰볼 때, 개인의 기본적 인권을 철통같이 지켜내는 것만이 국가권력의 남용을 막아낼 길이다. 국가는 민간의 감시 체제까지 이용할 가능성을 넓혀가고 있기에 자칫하면 개인 사생활의 비밀과 자유의 영역은 형해화할 위험성에 놓인다.

통신의 자유는 오늘날 같은 감시 사회에서 핵심적인 기본적 인권 중 하나로 자리매김해야 한다. 국가의 통신 검열 체제는 개인이 가지는 인간의 존엄과 가치라는 불가침의 기본적 인권을 손쉽게 부정할 통로가 될 수 있다. 그럴수록 패킷 감청은 수사 권력에게는 절대적 금지 구역이 돼야 한다. 법은 새로운 테크놀로지를 따라잡을 수 없기 때문이다.

그렇다고 개인정보를 보호하기 위한 해결책을 국회나 법원, 헌법재판소에 맡겨만 둬서는 안 된다. 국회와 법원, 헌법재판소가 협력해서 인권 규범의 한도 내에서 통신기술을 사용할 수 있도록 하는 헌법 규범을 구체화해야 한다. 특히 수사 권력은 엄격한 제한을 받아야 한다. 민주주의 정부는 '우리를 믿으라'고 말하지 않는다. 민주 정부는 공권력 행사 자체가 인권을 침해할 수 있음을 두려워하기에 엄격한 통제 절차를 마련하는 데 오히려 적극적이다.

국가 안보의 중요성을 부정할 수는 없다. 남북의 평화적 관계가 풀기 쉽지 않은 문제임을 부정할 수 없다. 그와 마찬가지로 사생활의 비밀과 자유 그리고 개인정보의 권리 또한 중요하다는 것을 인정해야 한다. 과학 또는 기술 자체가 언제나 중립적이라는 것은 전혀 근거 없는 신화다. 과학기술의 중립성을 현실화하고 인권 친화적으로 전환하는 것이야말로 인권과 민주주의를 지향하는 헌법 규범의 과제다. 헌법재판소가 존재하는 이유다.

참고 문헌:

오길영. '국가정보원의 패킷감청론에 대한 비판: 국가정보원 답변서에 대한 반박을 중심으로 한 위헌론의 기초 이론'. 민주법학 48(2012). 341-371.

솔로브, 대니얼 J.. 김승진 옮김. 〈숨길 수 있는 권리: 국가권력과 공공의 이익만큼 개인의 사생활도 중요하다〉. 동아시아. 2016.11.

헌법재판소 2018.8.30. 선고 2016헌마263 결정

헌법재판소가 만든 또 하나의 '과거사'

: 통합진보당 해산 결정, 다시 읽기

한상희 교수(건국대 법학전문대학원)

'정당의 무덤'으로 불리는 터키는 세속주의와 민족주의를 내세워 26개 정당을 해산한 것으로 악명 높다. 그런 터키조차 유럽연합 가입을 모색하던 2008년, 이슬람주의를 내세우며 원내 최대 다수 의석을 확보한 정의개발당(AKP)에 대해, 해산이라는 극단적 방식을 택하는 대신 국고 지원금을 삭감함으로써 그 '위헌성'을 응징하는 쪽으로 선회했다. 그런데 얼마 후 '민주공화국' 대한민국에서 통합진보당에 대한 학살을 단행해 전 세계를 놀라게 했다.

박근혜 정부가 막대한 권력을 휘두르던 2014년 12월 19일, 헌법재판소는 "대한민국 체제를 파괴하려는 북한과 대치하고 있는 특수한 상황"을 고려할 때 "민주적 기본 질서 수호와 민주주의 다원성 보장이라는 사회적 이익"을 위해 "북한식 사회주의를 실현하고자 하는" 목적을 갖고 활동하는 통합진보당을 대한민국의 민주적 기본 질서에 위배된다고 판단해 강제 해산하는 한편, 소속 국회의원 5명의 의원직까지 박탈했다. 결정문은 장장 254쪽(헌법재판소 판례집 기준)에 달했다. 독재의 길을 치닫던 이승만 정권이 1958년 당시 강력한 정적이었던 조봉암을 사법 살인하고 진보당을 강제 해산한 바로 그 시절로 우리의 민주주의가 뒷걸음질 치는 순간이었다.

결정의 요체는 '주도 세력' '퍼즐 맞추기' '숨겨진 목적' 세 키워드에 있다. 당시 통합진보당은 수만 명의 당원과 함께 '진보적 민주주의'를 추구하는 합법 정당이었다. 헌법재판소는 "진보적 민주주의의 진정한 의미를 제대로 파악하기 위해서는" 그것을 내세우는 주도 세력의 "이념적 성향 및 지향점이 무엇인지를 살펴"볼 필요가 있다고 했다. 그러고는 주도 세력으로 30여 명을 선별한다. 하지만 통합진보당의 창당이나 활동을 주도한 이가 아니라 '숨겨진 목적'을 찾기에 적합한 이 위주로 선택한다. 그 뒤 이들의 발언이나 활동을 하나하나 조각내어 전체 큰 그림에 맞춰나간다. 헌법재판소의 구두 변론 과정에서 정부 측 참고인이 말했던 '퍼즐 맞추기'가 문자 그대로 실현되는 순간이다. 큰 그림을 먼저 정해놓고 이를 퍼즐 조각으로 이리저리 잘라낸 뒤 다시 큰 그림을 짜 맞추는 식의 '퍼즐 맞추기'. 그것은 이석기 전 의원의 내란 음모(이후 '선동'으로 바뀌었다) 사건에서 대법원조차 부정했던 RO(혁명 조직)의 존재를 당연한 것으로 전제하고 그것을 중심으로 통합진보당강제 해산이라는 결론을 향해 일도 매진한 헌법재판소의 자기 고백이나 다름없었다.

'북한식 사회주의'라는 판단 또한 마찬가지다. 정당을 강제 해산하려면 그 정당이 사회의 민주적 기본 질서에 "실질적인 해악을 끼칠 수 있는 구체적 위험성을 초래"하는 단체여야 한다. 헌법재판소는 이를 증명하기 위해 '주도 세력'이 말한 저항권이나 민중주권론을 언급하고 어떤 당원이 개인적으로 거론했던 식민지반자본주의론까지 끌어들여 혁명론과 연계했다. 그러고는 임기응변식의 짜 맞추기 논법을 통해 통합민주당의 '숨겨진 목적'은 북한의 그것과 "전체적으로 같거나 매우 유사"하다고 결론 내린다. 이는 '발가락이 닮았다'는 식의 어정쩡한 결론이다. 통합진보당이 폭력성의 혁명을 추구했기에 위험하다는 것이 아니라, 정당을 해산하려면 구체적 위험성이 있어야 하고 그렇기에 위험성이 있어 보이는 발언을 추려보니 이런저런 발언이 있었고, 그래서 위험해 보인다는 것이다. 이는 순환논법이다.

이 결정이 내세운 비례성 판단 또한 흠투성이다. 정당 해산은 어쩌지 못하는 최후의 순간에 비로소 내릴 수밖에 없는 조치다. "현재 우리 사회의 정치적 공론장이 적절히 작동함으로써 그 정당의 정치적 위험성을 상당 부분 견제할 수 있다"면 그에 맡겨야 하는 것이 원칙이다. 그런데 헌법재판소는 이러한 원칙을 과감히 저버린다. 범죄가 실행되기 전에 미리 그 씨앗을 제거해 범죄를 예방하는 내용의 영화 '마이너리티 리포트'의 한 장면처럼 헌법재판소는 '예방적' 조치를 주도하는 일에 한 치의 망설임도 없었다. 시민이 주인이라는 민주 사회에서 헌법재판소는 시민들이 스스로 판단하고 행동할 수 있는 공론장 자체를 무시하고 배제해버린 셈이다.

문제는 이에 그치지 않는다. 저 정당 학살자 터키 헌법재판소조차도 정당 해산을 이유로 소속 의원들의 자격을 획일적으로 내치지는 않았다. 의원 개개인이 정당의 위헌적 활동에 개입한 정도를 별도로 심사해 자격 여부를 심사했다. 하지만 우리 헌법재판소는 아무런 법적 근거가 없음에도 불구하고 "정당 해산 결정의 취지와 목적을 실효적으로 확보하기 위해"라는 명분으로 통합진보당 소속 의원들에게 가차 없는 징벌을 가했다. 입법자인 국회가 법률로써 정해야 하는 것이고 따라서 법률이 없으면 의원직을 유지하도록 하는 것이 원칙인데도 헌법재판소가 스스로 입법자 역할을 자처하고 나선 것이다.

이런 법정 의견에 대해 유일하게 반대의견을 낸 김이수 재판관은 "경미한 오류들이 축적되어 거대한 논리적 비약을 만들어내고, 혹여 그에 기초해 정당 해산이라는 결론에 이르게 된다면, 이는 우리 민주주의 역사에 있어 매우 불행한 일이다"라고 비판했다. 그리고 이 말에 한 치의 어긋남이 없이 우리 정치사는 진행되었다.

이 사건을 계기로 박근혜 체제는 '점진적 쿠데타' '연성 쿠데타'라는 말이 나올 정도로 불법적이고 폭력적인 통치술을 구사하게 되지만, 결국 촛불 시민의 분노와 압박에 밀려 바로 그 헌법재판소에 의해 탄핵되는 상황에까지 이른다. 이제 보면 이 사건은 박근혜 정권이 구사한 회심의 일격이자 동시에 처참한 자충수였다. 말 그대로 "우리 민주주의 역사에 있어 매우 불행한 일"로 기록됐다.

실제 우리 헌법에 위헌 정당 해산 제도가 들어오게 된 때는 4·19 민주혁명 이후 제3차 개헌을 통해서였다. 그것은 이승만 독재 체제에서 진보당이 강제 해산된 전례를 반성한 결과였다. 정당의 경우에는 일반적인 결사의 자유보다 더 강력히 보장돼야 한다는 시대적 요청을 반영한 것이다. 즉 신나치주의의 발호를 막기 위해 또는 동서 냉전 체제하에서 희생양을 만들어내기 위해 국가사회주의당이나 독일 공산당을 해산한 독일의 경우나, 아타튀르크의 혁명 이념을 전승하기 위해 분리주의 정당이나 이슬람 정당을 해산한 터키의 경우와는 전혀 목적이 다르다. 독일식 방어적 민주주의를 앞세워 '나쁜' 정당을 해산하겠다는 것이 아니라, 정치적 다양성에 기초한 민주주의 체제를 위해 '나쁜' 정당이라도 특별히 보호하겠다는 것이 목적이었던 것이다. 헌법재판소의 결정은 이러한 헌법적 결단을 무뢰처럼 저버리고 말았다.

이 때문에 헌법재판소가 심판한 것은 통합진보당이 아니라 우리 헌법 자체였다는 비판도 가능해진다. 이 결정은 악마는 각론에 숨어 있다는 구태의연한 법률 속담을 그대로 재현한다. 결정문의 도입부는 '입헌적 민주주의'와 '민주적 기본 질서'의 의미와 관련해 거창한 헌법 이론을 거론하고 장밋빛 정치 지형을 그린다. 그에 의하면 어떤 사유에서도 통합진보당은 해산되어서는 아니 된다. 하지만 정작 구체적 판단이 이뤄지는 각론은 이러한 총론을 과감히 배신한다. 자의적인 선별 작업을 거쳐 사실관계를 정하고 그 의미에 대해 지레짐작하는 식으로 자의적인 유추 해석을 하고, 짜 맞추기에 충실한 논증을 진행한 결과, 정당 해산이라는 결정에 이른다.

박한철 헌법재판소장이 낭독한 결정의 주문 "통합진보당을 해산한다"는 결국 '한국 민주주의를 해산한다'라는 말과 다를 바 없었다.

2014년 12월 19일 결정은 헌법재판소가 우리 헌정사에 남긴 또 하나의 과거사가 되어 내내 회자될 것이다.

헌법재판소 2014.12.19. 선고 2013헌다1 결정

이재용은 박근혜에게 겁박을 당한 희생자가 아니라 국정 농단 공범

: 이재용 2심

노종화 변호사(금속노조 법률원)

이재용 재판에서 가장 중요한 혐의는 제삼자 뇌물공여죄다. 제삼자 뇌물공여죄에 대한 판단은 지난 국정 농단 사태에서 이재용의 역할을 사법적으로 규정하는 문제와 직결돼 있다. 주지하다시피 서울고등법원 형사13부는 제삼자 뇌물공여죄를 인정하지 않음으로써 국정 농단에 대한 이재용의 책임을 사실상 대부분 덜어주었다. 더 나아가 재판부는 그를 국정 농단과 정경 유착의 공범이 아니라, 권력자의 겁박을 홀로 감당한 희생자였다고 평가했다.

제삼자 뇌물 공여에서 핵심 쟁점은 '부정한 청탁' 유무다(형법 제130조). 공무원이 뇌물을 직접 받았을 때 뇌물죄가 성립하려면 직무 관련성과 대가성만 있으면 되고(제129조), 별도의 청탁을 받은 것까지 밝힐 필요는 없다. 반면 이번 사건처럼 재단법인 같은 제삼자에게 이익이 간 경우에는 뇌물과 함께 어떤 현안에 대한 청탁을 직접 받은 사실까지 요구된다. 쉽게 말하면, 공무원이 직접 이익을 받지 않고 제삼자가 받은 경우에는 뇌물인지 아닌지 상대적으로 불분명할 수 있으니 좀 더 확실한 증거로서 '청탁'을 받은 사실까지 필요하다는 것이다. 뇌물을 직접 받기보다는 제삼자에게 받게 한 것이 상대적으로 덜 나쁘다고 이해해도 크게 무리는 없다. 부당하다는 생각이 들 수 있지만, 현재로서는 형법과 법원의 입장이 그렇다.

이번 사건에서 부정한 청탁의 주 내용은 박근혜가 이재용에게 '삼성그룹 경영권 승계 작업 관련 현안(대표적으로 제일모직과 삼성물산의 합병) 해결'이라는 청탁을 받았고, 이재용은 그에 대한 대가로 한국동계스포츠영재센터(16억 원)와 미르·K스포츠재단(220억 원)에 자금을 출연했다는 것이다. 재판부는 특검이 제출한 증거만으로는 부정한 청탁을 인정할 수 없다고 보았다. 내용과 분량 등 모든 면에서 정독하기 쉽지 않은 판결문이지만 '증거 불충분'이 판결의 핵심이자 전부라고 해도 과언이 아니다.

먼저 재판부는 삼성 승계 작업이 존재한다는 것 자체를 인정하지 않았다. 청탁의 대상 자체가 부정됐으므로 여기서 이미 영재센터 등에 자금을 출연한 것이 제삼자 뇌물 공여에 해당할 가능성은 없어졌다. 재판부는 승계 작업이 부정한 청탁의 주 내용인 만큼 "명확히 정의된 내용으로 그 존재 여부가 관련 증거에 의해 합리적 의심이 없이 인정되어야 한다"고 전제한 뒤, 제출된 증거만으로는 승계 작업을 인정하기에 충분하지 않다고 보았다.

하지만 '승계 작업'은 엄밀한 법적 개념을 들어 정의해야 하는 법률 용어가 아니다. 이건희가 이재용에게 삼성그룹 지배권을 최소 비용으로 승계시키기 위해 갖은 편법을 써왔다는 것은 이미 1996년 에버랜드가 전환사채와 삼성SDS 신주인수권부사채를 헐값에 발행한 사건 때부터 널리 알려진 사실이다. 2015년 삼성물산과 제일모직의 합병이 사람들의 주목을 받은 것도 그를 통해 삼성그룹 승계 작업이 완성 단계로 넘어갈 수 있었기 때문이다. 그럼에도 재판부가 승계 작업에 대한 명확한 정의를 요구하면서 이를 인정하지 않은 것은 역사적 맥락을 전혀 고려하지 않은 판단이라고 볼 수밖에 없다.

특검은 금융감독원과 공정거래위원회가 작성한 '이재용의 지배권 확보 관련 삼성그룹 지배구조 개편 보고서', 청와대 민정수석비서관실이 작성한 '이재용 경영권 승계 관련 보고서'도 증거로 제출했다. 그런데 재판부는 이 보고서들은 "삼성그룹의 승계와 관련된 여러 사정을 추론해 작성한 의견서에 불과할 뿐이고 그러한 보고서만으로 삼성그룹이 그와 같은 내용의 승계 작업을 추진해왔음을 직접적으로 인정할 수는 없"다고 판단했다. 즉 정부가 작성한 보고서라고 해도 삼성그룹 외부에서 작성한 의견서에 불과하므로 충분한 증거라고 볼 수 없다는 취지다. 결국 삼성그룹 내부에서 직접 작성한 보고서(사실상 범행 계획서)가 있어야 승계 작업을 인정할 수 있다는 뜻이다. 이렇게까지 엄격한 증거가 필요하다면, 특검은 이재용 측이 직접 작성한 범행 계획서, 대통령과의 독대 현장에서 나온 녹음 파일을 확보해야 제삼자 뇌물 공여를 입증할 수 있다.

재판부도 이재용이 합병 덕분에 삼성그룹에서 지배력을 확보하는

데 유리한 결과를 얻은 사실 자체는 인정했다. 하지만 이재용이 얻은 유리한 효과는 "개별 현안들의 진행에 따른 여러 효과(예컨대 구조조정을 통한 사업의 합리화 등) 중 하나일 뿐"이라서, 그것만으로 승계 작업의 존재를 인정할 수 없다고 보았다. 즉 결과는 있지만 의도는 없었다는 판단이다. 정부 기관과 여러 금융·투자 기관이 모두 승계 작업의 일환이라고 분석했는데도, 재판부는 증거 출처가 삼성그룹이 아닌 이상 승계 작업이라는 의도가 충분히 입증될 수 없다고 본 것이다. 이쯤 되면 오로지 삼성만이 승계 작업을 인정할 수 있겠다는 생각마저 든다.

형사재판은 국가권력이 법의 이름으로 인신 구속과 같은 처벌을 내리는 과정이라서, 무죄일 수 있다는 합리적 의심을 배제할 만큼 범죄가 입증돼야 한다. 헌법이 보장하는 무죄 추정 원칙과 국가 공권력이 처벌권을 남용할 위험을 고려할 때, 무죄라는 의심을 합리적으로 배제할 정도로 범죄를 입증하는 것은 모든 형사재판에서 반드시 지켜져야 한다. 재벌 총수나 대통령이라고 해서 헌법 원칙의 보호를 받지 못한다고 할 수는 없다.

그런데 어떤 사건이든 범죄사실을 100퍼센트 입증하는 것은 현실적으로 불가능하다. 더욱이 대가성과 부정한 청탁 등이 문제되는 뇌물 범죄는 행위자들이 충분한 주의만 기울이면, 이를테면 독대의 경우처럼, 사실상 아무런 물적 증거가 남지 않는다. 즉 이재용이 박근혜에게 승계 작업에 관한 청탁을 한 사실을 직접 뒷받침하는 증거는 타임머신을 타고 과거로 돌아가 독대 현장을 확인하지 않는 이상, 지금이 세상에는 존재하지 않을 가능성이 높다.

삼성전자 미래전략실이 이재용을 이건희의 후계자로 인정하고 지배구조 개편에 적극 관여한 사실, 청와대 민정수석비서관실이 '경영권 승계 국면에서 삼성이 무엇을 필요로 하는지 파악해 도와줄 것은 도와주면서 삼성이 국가 경제에 더욱 기여하도록 유도할 수 있는 방안을 모색하자'는 취지의 보고서를 작성한 사실, 이재용이 경영권 확보 과정에서 유리한 결과를 얻은 사실은 분명하다.

더구나 문형표와 홍완선은 국민연금공단이 삼성물산과 제일모직의 합병에 찬성하도록 직권을 남용했다는 이유로 2심 판결까지 유죄가 인정된 상황이다. 최근에는 삼성바이오로직스의 회계 분식이 검찰 수사를 통해 실체가 드러나고, 분식의 목적이 삼성물산과 제일모직의 합병에서 이재용에게 유리한 결과를 이끌어내기 위함이었음이 확인되고 있다. 이러한 제반 사정을 종합하면 적어도 삼성그룹이 승계 작업을 추진했고 박근혜와 이재용 사이에 승계 작업 관련 청탁에 대한 묵시적인 이해와 양해가 있었음은 헌법 원칙에 어긋나지 않는 측면에서 충분히 인정할 수 있다. 쉽게 말해 이 정도면 이재용이 무엇을 원했는지는 굳이 직접 말하지 않았어도(또는 직접 말했다는 증거가 없어도) 박근혜가 충분히 알 수 있었다고 인정할 만하다.

법원도 부정한 청탁을 완벽히 입증하는 것이 불가능하다는 것을 잘 알고 있어서 과거부터 '묵시적 청탁' 법리를 인정해왔다. 비록 1심 재판부가 한 대부분의 판단에 동의할 수 없고 이번 항소심 판결을 이끈 것은 사실상 1심이라는 지적도 있으나, 적어도 1심은 여러 제반 사정에 기초해 최소한 영재센터에 자금을 출연한 것에는 묵시적 청탁이 있었다고 판단했다. 다만 1심도 미르·K스포츠재단(220억 원) 부분은 청탁 사실을 인정하지 않았다. 이 부분 만큼은 1심 판결이 우리 사회의 보편적인 상식에 부합하는 판결을 했다고 생각한다.

재판장이었던 정형식 부장판사는 판결 직후 조선일보와의 인터뷰에서 "법리는 양보할 수 없는 명확한 영역이었고 고민할 사안이 아니었다"고 말했다. 대법원은 제삼자 뇌물 공여가 성립하려면 대가성과 별도로 부정한 청탁이 있어야 한다는 입장이니, 판례를 변경할 권한이 없는 항소심 재판부로선 제삼자 뇌물 공여에 관한 법리 자체는 명확한 영역이었음은 수긍할 만하다. 하지만 판결문을 읽을수록 법리뿐 아니라 '사실관계도 큰 고민이 필요 없었겠다'는 생각이 든다. 인터뷰의 발언 내용과 달리, 실상 재판부의 가장 큰 고민 대상은 법리였던 것 같기도 하다.

항소심 재판부는 부정한 청탁의 구체적 내용은 법적으로 엄밀한 정의가 필요하다는 '법리'와 엄격한 '사실 평가 잣대'를 양보할 수 없는 명확한 영역으로 직접 설정한 다음, 철저히 그 영역 안에서만 판단했다. 그렇다면 항소심 재판부가 설정한 영역 안에서 제삼자 뇌물 공여의 성립은 애초에 가능하지 않았다고 해도 과언이 아니다. 안종범 수첩의 증거능력이 배제된 것도 같은 맥락에서 이해할 수 있다. 그러니 이번 재판부에게는 고민 대상 자체가 존재하지 않았던 것은 아닐까.

하지만 사실심인 항소심은 말 그대로 주어진 사실에 기초해 판단해야 한다. 이번 판결에서 재판부는 오로지 사실만을 평가하기 이전

☆☆☆☆☆ 삼성공화국 ☆☆☆☆☆

Se young Park

에 이미 판단 범위를 스스로 제한했고, 이로 인해 우리 사회의 보편적인 상식에 어긋나는 결론에 이르렀다는 의심을 품지 않을 수 없다. 법률 용어로 말하자면 '채증 법칙(증거를 취사선택할 때 지켜야 할 법칙) 위반'이다.

제삼자 뇌물 공여에 대한 무죄 판단은 이재용을 위한 '꽃가마'라는 비판까지 받는 이번 판결에서 가장 부당한 결론이자, 박근혜 전 대통령을 둘러싼 국정 농단을 청산하는 데 제일 큰 걸림돌이 될 것이다. 우리 사회가 지난 국정 농단과 같은 비극이 재발하는 것을 방지하려면 국정 농단에서 이재용의 역할이 '권력에 밀착해 사익을 도모한 정경 유착의 공범'이었다고 정확히 규명해야 한다.

어떤 이는 현재 형법과 법원의 태도에 따르면 제삼자 뇌물공여죄 성립이 불가능하다고 주장할지도 모른다. "법리는 양보할 수 없는 명확한 영역"이었다는 재판장의 발언도 이러한 입장과 일맥상통한다.

2018

하지만 현행 형법과 법리에 충실하더라도 이미 밝혀진 사실만으로 충분히 헌법 원칙에 어긋남이 없이, 이재용이 부정한 청탁을 한 사실을 인정할 수 있다. 이번 재판부처럼 스스로 사실판단의 영역을 매우 협소하게 축소하지 않는 한 말이다. 부디 대법원은 항소심의 채증 법칙 위반을 바로잡고, 상식과 실체적 진실에 부합하는 판결을 내리기 바란다.

서울고등법원 형사13부(재판장 정형식) 2018.2.5. 선고 2017노2556 판결

국정 농단의 본질은 정경 유착, 평등한 법 적용으로 끊어야

: 박근혜 국정 농단 1심

임지봉 교수(서강대 법학전문대학원)

2018년 4월 6일 서울중앙지방법원 형사합의22부는 박근혜 전 대통령의 국정 농단 사건 판결에서 18개 혐의 사실 중 16개를 인정하면서 징역 24년과 벌금 180억 원을 선고했다. 재판부는 우선 박 전 대통령의 위헌적 권한 남용과 수뢰 등의 범죄행위를 인정했다. 박 전 대통령에게 엄중한 책임을 묻는 이유로 신임을 준 주권자 국민을 배신하고 권한을 남용해 국정을 혼란에 빠뜨린 것을 꼽았다.

헌법 제1조 2항의 국민주권주의와 헌법 제67조의 대통령선거를 통한 대의제에 근거해 주권자인 국민이 선거라는 신임 행위를 통해 권력을 위임했는데, 이러한 신성한 권한을 최순실 등 국민은 알지도 못하는 비선 실세들과 공모해 자신들의 '사익 추구'를 위해 사유화하고 남용함으로써 국민들을 배신했다는 점을 재판부는 분명히 했다.

법치주의 부정

재판부는 헌법 제66조 2항이 대통령에게 '헌법 수호 의무'를 부과하고 있는데도 사익을 추구하고 권한을 남용해 헌법과 법률을 위반한 것은 법치주의를 비롯한 헌법상의 기본 원리를 훼손한 것이라고 강하게 질타했다.

원래 법치주의란 행정과 사법이 국회가 제정한 법률에 적합하도록 행해질 것을 요구하고, 국회가 제정하는 법률의 내용도 기본권을 보장하는 헌법 이념에 합치할 것을 요구하는 헌법 원리다. 따라서 이것은 대통령이 국민들에게 법을 지키라고 요구하는 '준법주의'가 아니며, 오히려 대통령을 비롯한 입법, 행정, 사법 권력 등 국가권력을 제한하는 원리다. 즉 법치주의는 대통령이 국민에게 주장하는 것이 아니라 국민이 대통령을 비롯한 공권력 행사 담당자에게 주장하는 것이다. 대통령 재임 기간 중 그토록 법치주의를 강조하던 박 전 대통령이 권한을 남용해 법치주의를 훼손한 심각한 아이러니를 이번 판결은 확인해주었다.

박 전 대통령은 탄핵 이후 형사재판을 받으면서부터는 법치주의를 더욱 철저히 부정하고 무시하는 태도를 보였다. 18개 혐의 사실 전부를 부인하고 법원이 구속 기간 연장 결정을 한 2017년 10월 이후부터는 건강상의 이유 등을 들어 법정에 출석하지 않고 재판을 거부해오고 있다.

여기서 국민에 대한 진정 어린 사과는 고사하고 그 어떤 반성도 찾아볼 수 없다. 반성의 기미가 없는 이러한 태도가 이번 판결의 양형에도 고려되었다. 상급심에서도 박 전 대통령이 계속 재판을 거부한다면 강제 구인을 거쳐 법정에 세워야 한다. 그래야 국민적 이목이 집중된 이번 사건에서 재판 과정을 통해 법치주의를 실현하는 모습을 보여줄 수 있다.

기업의 재산권과 기업 경영의 자유 침해

또 재판부는 최순실과 공모해 기업을 대상으로 사적 이익을 추구하는 과정에서 "기업들에 이 사건 각 재단에 대한 출연을 요구하고 최서원(최순실)이 설립·운영을 주도하거나 최서원과 친분 관계가 있는 회사 등에 대한 광고 발주나 금전 지원, 납품 계약, 에이전트 계약 체결 등을 요구하고, 최서원의 지인들에 대한 채용 및 승진까지 요구해 기업들로 하여금 이를 이행하도록 강요했고, 사기업의 경영진을 경영 일선에서 물러나도록 강요하기도 하는 등 국민들로부터 위임받은 대통령의 지위와 권한을 남용해 기업의 재산권과 기업 경영의 자유를 심각히 침해"했다고 판시했다.

헌법은 제23조 1항 1문에서 '모든 국민의 재산권은 보장된다'라고 하여 기업을 포함한 국민 개개인의 재산권을 국민의 기본권으로 규정하고 있다. 또 경제 질서에 관한 첫 조항인 제119조 1항에서 '대한민국의 경제 질서는 개인과 기업의 경제상의 자유와 창의를 존중함을 기본으로 한다'고 해 기업 경영의 자유도 밝히고 있다. 동시에 제119조 2항에서는 경제민주화를 위해 국가가 경제를 부분적으로 규제하고 조정하는 것을 인정하는 '사회적 시장경제 질서'를 헌법상 경제 질서로 천명하고 있다. 즉 '사회적 시장경제 질서'는 자본주의 시장경제 질서를 근간으로 하면서 경제민주화를 위해 국가가 경제에 부분적으로 개입하는 것을 인정한다.

따라서 기업의 재산권과 기업 경영의 자유를 심각하게 침해한 범죄행위는 헌법상 경제 질서의 근간인 시장경제 질서와 이에 기초한 자유민주주의를 심각히 훼손한 것이다. 보수 정치인들이 앞세우는 자유민주주의에 위배되는 행위를 한 것이다. 이는 우리 정치권과 경제계 사이에서 오랫동안 이뤄진 '정경 유착'에 따른 비리가 드러났다는 점에서 문제가 더욱 심각하다.

제삼자 뇌물죄 적용, 평등하지 않았다

헌법 제11조 1항 1문은 '모든 국민은 법 앞에 평등하다'고 규정하고 있다. 이때 '법 앞에' 평등하다는 것은 통설과 헌법재판소 판례에 비춰보면 법의 제정과 집행이 평등해야 한다는 의미일 뿐 아니라 법의 '적용'도 평등해야 함을 의미한다. 평등이란 무엇인가를 두고 과거에는 어떠한 차별도 금지하는 절대적 평등설이 잠깐 주장된 적이 있었으나, 지금은 상대적 평등설이 통설이자 헌법재판소 판례의 입장이 됐다.

즉 '평등한 것은 평등하게, 불평등한 것은 불평등하게' '같은 것은 같게, 다른 것은 다르게' 대우하는 상대적 평등이 '평등'이라는 것이다. 따라서 모든 차별이 평등 원칙에 위배되는 것이 아니라 '합리적 이유 없는 차별' 또는 '자의적인 차별'이 평등 원칙에 위배되는 것이다.

형법 제130조는 '제삼자 뇌물 제공'이라는 제목 아래 '공무원 또는 중재인이 그 직무에 관해 부정한 청탁을 받고 제삼자에게 뇌물을 공여하게 하거나 공여를 요구 또는 약속한 때에는 5년 이하의 징역 또는 10년 이하의 자격정지에 처한다'고 하여 제삼자 뇌물죄를 규정하고 있다. 형법 제129조 1항이 규정한 수뢰죄의 내용 '공무원 또는 중재인이 그 직무에 관해 뇌물을 수수, 요구 또는 약속한 때에는 5년 이하의 징역 또는 10년 이하의 자격정지에 처한다'와 비교해보면, 제삼자 뇌물죄가 성립하려면 '직무에 관하여' 말고도 '부정한 청탁'까지 있었다는 것이 입증돼야 한다.

재판부는 신동빈 롯데그룹 회장에게 K스포츠재단에 70억 원을 지원할 것을 요구하고 지원받은 것, 최태원 SK회장에게 K스포츠재단 등에 89억 원을 지원할 것을 요구한 것은 묵시적인 '부정한 청탁'으로 보고 제삼자 뇌물 수수를 인정한 반면, 삼성이 미르재단과 K스포츠재단에 204억 원을 출연하고 한국동계스포츠영재센터에 16억여 원을 지원한 것은 부정한 청탁이 없었다고 하면서 무죄를 선고했다. 삼성의 출연금 등을 제삼자에 대한 '뇌물'로 보지 않은 것이다. 더 나아가 "삼성의 경영권 승계 작업이 존재한다고 보기 어려워 피고인이 승계 작업을 인식했다고 단정할 수 없다"고 판시했다. 즉 제삼자 뇌물죄 성립의 중요한 요건인 '부정한 청탁'을 판단하는 지점에서 삼성을 롯데나 SK와 다르게 취급한 것이다.

물론 '부정한 청탁' 여부와 관련해 삼성이나 롯데, SK 간의 사실관계는 다 다르다. 재판부는 롯데의 경우 롯데월드타워 면세점 사업권을 재승인받는 현안을 두고 명시적인 부정한 청탁의 근거는 없지만 묵시적인 부정한 청탁은 있었다며 이를 비교적 쉽게 인정했다. 반면 삼성의 경우 경영권 승계 등 10개가 넘는 현안을 두고 특별히 엄격한 기준을 적용하면서 부정한 청탁이 없었다고 판단했다. 즉 기준을 적용하는 데 엄격성의 차이가 있고 그 차이(차별)에서 합리적 이유를 발견할 수 없다.

특히 그즈음 삼성의 '경영권 승계 작업'이 존재했다는 것은 SBS 등 언론의 심층 탐사 보도를 통해 속속 실체가 드러나고 있다. 그 시점에 삼성이 경영권 승계에 협조해달라는 대가를 바라고 돈을 건넨 것이 아니라, 대통령이 삼성 경영진을 겁박했고 이재용 부회장이 그에 못 이겨 마지못해 204억 원과 16억 원의 금액을 각각 미르·K스포츠재단과 영재센터에 지원했다는 것은 국민적 상식에 어긋난다.

재판부는 이 대목에서 국민적 상식보다는 합리적 의심을 넘어서는 엄격한 증명을 요하는 형사재판의 성격을 고려해야 했는데 검찰 측이 이러한 점에서 '부정한 청탁'을 입증하지 못했다고 설명하고 있다. 그렇다면 롯데나 SK에서는 똑같은 엄격한 기준을 적용해도 묵시적인 '부정한 청탁'이 입증되는데, 삼성의 경우에만 유독 입증되지 않았다고 보는 것인가. 판결문에는 이에 대해 설득력 있는 논증이 부족해 보인다.

이번 사건의 본질은 '정경 유착'이다

이는 최순실 1심 선고(2016고합1202, 2017고합184, 185) 때와 마찬가지로 정경 유착이라는 이번 사건의 본질을 축소한 판결이라는 비판을 받을 수밖에 없는 대목이다.

이번 판결에서 삼성그룹의 경영권 승계 작업이 존재하지 않았다고 판단한 부분은 문형표 전 장관 사건의 판결(2017노1886)과도 모순된다. 서울고등법원 형사10부는 2017년 11월 14일 문형표 전 장관 등에게, 박 전 대통령의 지시에 따라 국민연금공단 관계자들에게 부당한 압력을 가해 삼성물산과 제일모직의 합병을 찬성하게 함으로써 "이부회장에게 이익을 취하게 했다"고 지적하며 1심과 마찬가지로 각 징역 2년 6개월을 선고했다. 문 전 장관 사건에서 1심과 2심 재판부 모두 "삼성 합병은 경영권 승계 작업의 일환"이라고 일관되게 판시했다. 그러면서 "삼성물산과 제일모직의 합병이 이부회장의 삼성전자 지배력 강화에 도움이 됐고, 국민연금공단이 삼성 합병에 찬성한 배경에는 박 전 대통령의 지시가 있었다"고 인정했다.

이렇게 문 전 장관이 삼성 합병 건에 부당한 압력을 행사한 혐의가 인정됐는데 이번 판결에서는 삼성 승계 작업 자체가 존재하지 않는다고 판단한 것은, 두 판결에서 동일한 판단 대상에 대해 모순된 결과가 나온 것으로 판결의 형평에 맞지 않는다. 즉 헌법상 이부회장은 문 전 장관과 비교했을 때 법원에서 평등 원칙에 위배되는 우대를 받은 것이다.

형량과 관련해 재판부는 "삼성그룹에서 받은 72억 원 중 피고인이 직접적으로 취득한 이익은 확인되지 않고, 롯데그룹에서 받은 70억 원은 반환한 점, 전과가 없는 점 등을 유리한 정상으로 참작해 선고형을 결정"했다고 판시하면서 징역 24년에 벌금 180억 원을 선고했다. 이러한 형량은 막대한 국정 혼란과 국민이 입은 마음의 상처에 비하면 결코 무겁다고 할 수 없다. 이어지는 항소심과 대법원 판결은 박 전 대통령을 비롯한 국정 농단 사건의 피고인들에 대해 국민의 상식과 법치주의에 부합하는 엄정한 판단을 해야 한다. 그래야 정경 유착의 폐습을 끊고 대통령의 위헌·위법적 권한 남용의 기준을 제시하는 기회로 선용하고, 정치 발전과 우리나라의 도약을 위한 전화위복의 계기로 삼을 수 있을 것이다.

서울중앙지방법원 형사22부(재판장 김세윤) 2018.4.6. 선고 2017고합364-1 판결

2019

2018

2017

2016

2015

"그동안 쌓여온 운동의 힘"

: 삼성 뇌종양 산업재해 대법원 인정

손익찬 변호사(노동법률원 법률사무소 새날)

두 개의 거대한 산: 첨단산업, 희귀 질환

어떤 노동자가 병에 걸린 경우를 생각해보자. 자신이 걸린 병이 사업장에서의 업무 때문이라고 주장할 경우 근로복지공단에 산업재해(법률 용어로는 '업무상 재해')를 신청할 수 있다. 산업재해로 인정되면 노동자는 치료비를 받고 사망한 경우에는 유족연금이 지급된다. 산재보험법(산업재해보상보험법)은 산업재해로 인정되면 이득을 보는 측이 노동자이므로 노동자에게 업무와 질병 사이의 인과관계를 증명할 책임을 지운다. 물론 이때 법원은 자연과학에서 통용되는 엄밀한 증명을 요구하는 것은 아니다. 그럼에도 노동자는 사업장에서 질병의 원인으로 규명된 물질이 사용되는지, 그 물질에 노출된 경로와 기간, 양이 어떠한지 등에 대한 자료를 찾아 주장할 책임은 있다.

그런데 희귀 질환에 걸린 경우 산을 하나 더 넘어야 한다. 만약 폐질환처럼 비교적 원인이 명확히 알려진 병에 걸린 경우, 사업장에서

석면 따위를 사용하는지, 노출 경로와 노출량 및 노출 기간은 어떠한지 등에 관한 자료를 증거로 제출하면 된다. 정부 조사도 여기에 초점이 맞춰진다. 질병의 '원인'이 분명하지 않으면 원인으로 '의심'되는 여러 물질이 사업장에 있는지를 모두 확인해 주장해봐야 한다. 즉 '원인' 물질과 '의심' 물질, 단지 인체에 '유해'한 물질까지 모두 찾아서 주장을 하고 설득해야 한다.

첨단산업 분야에서 일하는 노동자는 여기서 두 번째 산에 막힌다. 노동자가 사업장에 대해 알고 있는 정보는 대체로 불충분해서 정부 조사가 불가피하다. 그런데 어떤 물질을 용의 선상에 두고 조사할지를 두고 정부는 노동자의 의견에 구속되지 않는다. 또 반도체나 LCD 제조업 등 첨단산업은 발전 속도가 빨라서 사용하는 화학물질이 수시로 바뀌고 과거의 근무 환경과 조사할 당시의 환경이 상당히 바뀌어 있기 마련이다. 결정적으로는, 사업주가 공장에서 사용하는 물질과 작업 방식 등에 대해 영업 비밀이라는 이유로 관련 자료 제출을 거부한다. 심지어 정부 기관조차도 조사를 하고 나서 회사의 영업 비밀을 보호한다는 명목하에 노동자에게 조사 보고서를 공개하지 않는다. 결국 노동자는 증명할 책임을 지면서도 증명에 필요한 자료를 손에 넣을 수 없는 모순적 상황에 처하게 된다.

삼성 다발성경화증 산업재해 인정

2017년 8월 29일 대법원은 삼성전자 LCD 공장에서 근무한 노동자가 다발성경화증이 발병한 후 산업재해 여부를 다툰 사건에서

(2015두3867), 첨단산업 현장에서 새롭게 발생하는 유형의 이른바 희귀 질환에 해당하고 그에 관한 연구 결과가 충분하지 않아 발병 원인으로 의심되는 요소와 근로자의 질병 사이에 인과관계를 명확히 규명하는 것이 현재의 의학과 자연과학 수준에서 곤란하더라도 그것만으로 인과관계를 쉽게 부정할 수 없다고 밝혔다. 재판부는 질병의 원인이 명확히 밝혀지지 않았거나 사업장에 대한 자료가 불충분하더라도, 다음과 같은 사실을 두루 살펴서 산업재해 인정 여부를 판단할 수 있다고 보았다.

대법원은 희귀 질환의 경우 평균 발병률이나 연령별 평균 발병률보다 특정 산업 종사자군이나 특정 사업장에서 해당 질환의 발병률 및 일정 연령대의 높은 발병률 같은 통계 자료를 고려할 수 있다고 보았다. 개별 노동자의 산업재해 인정을 판단할 때 통계 자료가 유리한 경우 간과해서는 안 된다는 것이다

또 사업주가 협조를 거부하거나 관련 행정청이 조사를 거부하고 지연하는 등의 사유로 해당 질환에 영향을 미칠 수 있는 작업환경상 유해 요소의 종류와 노출 정도를 구체적으로 특정할 수 없었다는 사정도 고려할 수 있다고 했다. 즉 사업주가 정부 조사에서 조사 자체를 거부하는 것이 노동자에게 유리한 사정이라고 본 것이다. 조사에서 원인 물질이 검출되지 않았다는 이유로 정부가 그 외의 원인, 즉 발병 의심 물질이나 질병과 관계없더라도 인체에 유해한 물질 등에 관해 밝힐 노력조차 하지 않은 경우도, 그런 불성실한 조사 결과는 노동자에게 유리한 사정이라고 보았다. 사측의 영업 비밀을 보호한다는 이유로 정부 조사 결과를 노동자에게 공개하지 않은 것도 마찬

가지라고 보았다.

그리고 질병의 원인으로 밝혀지지 않은 물질이라고 하더라도 여러 유해 물질이나 유해 요소가 존재하는 경우 개별 유해 인자가 특정 질환의 발병이나 악화에 복합적·누적적으로 작용할 가능성을 간과해서는 안 된다고 보았다.

삼성 뇌종양 산업재해 인정

이번 대법원 판결은 앞선 판결(다발성경화증 산업재해 인정)의 법리 위에 서 있다. 망인은 1997년에 열아홉의 나이로 삼성반도체 온양공장에 입사해 고온테스트 공정에서 6년간 근무했다. 2003년 7월 15일 퇴사한 뒤 결혼해 두 아이를 낳고, 2010년 5월 5일 뇌종양(교모세포종) 진단을 받아 2012년 5월 7일 사망했다. 망인의 유족은 산업재해를 신청했다.

대법원은 사업장에서 측정한 발암물질의 수치가 노출 기준 범위 안에 있더라도 망인처럼 장기간 노출될 경우 건강 장애를 초래할 가능성이 있다고 보았다. 여러 유해 인자에 복합 노출될 경우 상승 작용을 일으키는 사정을 고려해야 한다는 것이다. 또 4조 3교대, 3조 3교대 근무, 바쁠 경우 하루 12시간 근무를 함으로써 신체 주기가 불규칙해진 사정도 고려했다.

아울러 정부 조사에서 발암물질인 포름알데히드에 노출된 수준이 측정되지 않았다는 점에 주목했다. 또 망인과 동료들이 고온테스트 공정 이후 '검댕'이 날렸고 '고무 타는 냄새'가 났고 "유해한 연기와 화학물질에 노출"됐다고 진술했는데도 정부가 이를 조사조차 하지 않았으므로, 어떤 물질에 노출됐는지를 규명할 수 없었다고 보았다. 그리고 망인이 우리나라 평균 발병 연령보다 이른 만 서른 살에 뇌종양이 발병했다는 사정도 주목했다.

또 망인이 걸린 교모세포종의 경우 보통 진행이 빠르고 예후가 좋지 않지만 이는 발암물질에 노출돼 발병하는 시간이 짧다는 의미는 아니라고 보았다. 그러니 망인이 퇴사한 이후 7년이 지나 확진을 받았더라도 업무와의 관계가 없다고 단정 지을 수는 없다고 했다.

"그동안 쌓여온 운동의 힘." 다발성경화증 산업재해 인정 판결이 나오고 나서 시민단체 반올림에서 활동하는 임자운 변호사가 정리한 말이다. 2007년부터 사회 각층의 노력이 모여 앞에서 다룬 두 대법원 판결이 나올 수 있었다. 노동자와 유가족, 반올림은 탐정이 되고 수년간 법정 다툼을 해야 했다. 회사인 삼성전자뿐 아니라 근로복지공단, 산업안전보건공단, 지방노동청 같은 정부 기관과도 싸웠다. 그런 중에 시간이 흐르고, 사업장은 개선되지 않은 채 비슷한 일이 반복되었다.

사업주는 은폐했고 정부는 의도적으로 눈감았다. 법원은 이제 그런 방식은 안 통한다고 선언했다. 이제는 제도적 변화가 필요하다. 산업재해를 감춤으로써 무재해 사업장으로 지정될 경우 받게 되는 보험료 감면액보다 많은 금액을 부과하는, 징벌적 손해배상이 필요하다. 또 사업장에서 인체에 유해한 물질을 사용했는지를 명확히 밝히기 위해 정부의 조사권을 강화해야 한다. 정부 조사 단계에서부터 노

동자의 참여권이 보장돼야 한다. 재발 방지야말로 노동자의 죽음을
헛되이 하지 않는 길이다.

대법원 3부(주심 박보영) 2017.11.14. 선고 2016두1066 판결

반올림이 만든 삼성 반도체 노동자 이미지

쌍용차 정리해고 노동자들의 아픔,
이제는 '손잡고' 가자

: 쌍용차 파업 손해배상 사건, 다시 읽기

김제완 교수(고려대 법학전문대학원)

해고가 노동자에게 미치는 영향이 얼마나 중대한지를 설명하기 위해 '해고는 살인이다'라는 비유를 종종 사용한다. 그런데 쌍용차 정리해고 사건을 보면 이 표현이 비유가 아님을 알게 된다. 2009년 쌍용차가 무려 2646명(당시 생산직 전체 인원의 45.5퍼센트) 노동자들을 정리 해고한 이래, 지금까지 28명의 노동자와 가족이 그 과정에서 사망하거나 스스로 목숨을 끊었다. '해고는 살인'이라는 말이 단지 비유가 아니라 우리 사회에서 실제 벌어지는 현실이라는 뜻이다.

어느 사회와 기업이든 적절한 구조조정은 필요하다. 그를 통해 기업은 효율성을 높여 활력을 찾고 결과적으로 도산을 막아 노동자들의 일자리를 유지하게 한다. 한편으로는 대주주와 경영자가 부당한 이익을 추구하는 과정에서 대규모 정리해고를 악용하는 사례도 배제할 수 없다. 긴박하지 않은 상황에서 정리해고를 하거나 과도히 정리해고를 하는 것을 법에서 금지하는 것은 그 때문이다. 그런데 쌍용차 정리해고의 경우 과연 대규모 정리해고를 할 필요가 있었는지, 그럴 만큼 회사가 긴박한 상황이었는지는 논란의 여지가 있다.

쌍용차는 IMF 외환 위기 이후 어려움을 겪다 2004년 중국의 자동차 업체인 상하이기차에 인수되었고, 5년간의 워크아웃 과정을 거쳐 회생했다. 그 후 상하이기차는 기술을 중국 본사로 기술을 유출하고 3000억 원 투자 약속을 이행하지 않는 등 '먹튀 의혹'에 휩싸였고, 결국 2009년 한국 철수를 선언하며 대규모 정리해고를 단행했다. 그 규모가 상상을 초월한 것이어서 그간에 나온 먹튀 의혹이 현실화하는 것으로 보였다.

과연 법적 요건을 갖추었느냐가 문제되면서 상하이기차 측이 제출한 회계 자료에 의문이 제기됐다. 특히 유형자산(구축물과 건물 등) 손상 차손을 과다 계상해 자산 가치를 반토막 내는 방법으로 부채 비율을 두 배 이상 인위적으로 늘린 점이 지적되었다. 결국 노동조합은 이러한 대규모 정리해고에 항의하며 파업에 돌입했다. 그러자 당시 이명박 정부는 강경한 입장을 취했고 끝내 경찰은 헬기와 기중기까지 동원해 강제 진압했다(당시 경찰청장 조현오). 그 와중에 경찰과 노동자가 다치는 등 극심한 피해가 발생했다.

쌍용차 사건과 관련해 제기된 민사소송은 크게 둘이다. 하나는 정리해고가 부당하다며 노동자들이 낸 해고무효 확인소송이다. 2014년 2월 7일 서울고등법원은 쌍용차의 정리해고가 긴박한 경영상 필요성을 갖추지 못하고 해고 회피 노력을 다하지 않아 무효라고 선고했다. 하지만 2014년 11월 13일 대법원이 원심 판결을 파기 환송했고, 결국 해고 노동자들의 패소 판결이 2016년 9월 28일 확정되었다.

또 하나의 민사사건이 아직 진행 중인 국가가 해고 조합원들과 노동조합을 상대로 손해배상을 제기한 이번 사건이다. 파업을 강경 진압한 후 국가와 쌍용차, 보험회사 등은 파업에 참가한 184명과 노동조합을 상대로 거액의 손해배상 청구소송을 제기하고(총액 114억 원), 조합원들의 주택과 월급 등을 가압류했다. 해고 노동자들을 상대로 손해배상을 제기하는 것은 실제로 돈을 받아내려는 것보다 노동조합 활동을 억압하겠다는 것이 주된 목적인데, 이와 같이 권력이나 자본이 시민과 노동자, 소비자의 사회 참여와 비판 활동을 위축하기 위해 전략적으로 민사소송을 제기하는 것을 미국에서는 '전략적 봉쇄 소송'(SLAPP: strategic lawsuit against public participation)이라고 한다. 언론의 비판 활동을 억제할 목적으로 국가나 고위 공직자가 언론사와 기자를 상대로 거액의 손해배상을 청구하는 경우도 이에 해당한다.

그런데 이는 소권의 남용이다. 이렇게 해고된 뒤 거액의 가압류까지 당해 더 이상 물러날 데가 없게 된 해고 노동자들은 천막 농성을 하며 기약 없는 복직 투쟁에 들어갔다. 급기야 극한의 절망에 빠진 해고 노동자와 가족들이 비극적인 죽음으로 내몰리고 말았다.

이명박 정부에서 시작된 노동조합과 조합원을 상대로 한 거액의 손해배상 청구 사례는 쌍용자동차에 그치지 않았다. 철도노조와 한진중공업노조, 현대차 비정규직노조 등에 수십억, 수백억 원의 손해배상 소송과 가압류가 이어지면서 노동자가 스스로 목숨을 끊고 가족들이 고통받는 상황이 계속됐다. 이에 시민사회에서는 '손배 가압류 문제를 잡자'라는 구호 아래 조국 교수와 은수미 의원 등이 참여해 '손잡고'라는 단체를 결성했고, 피해 노동자와 가족들을 돕기 위한 '노란 봉투 운동'(가수 이효리 씨가 참여하면서 널리 알려졌다), 노동법과 관련 제도를 개선하는 운동을 펼치고 있다.

쌍용차 손해배상 사건에서 국가가 청구한 내용은 진압할 당시 조합원들의 폭력 행사에 의해 장비가 손괴되고 경찰관들이 다치면서 나온 치료비와 위자료 등 14억 원(지연손해금을 포함하면 총액 30억 원)이다. 그중 가장 큰 부분을 차지하는 것은 진압에 동원된 헬기와 독일제 기중기 등 고액의 장비가 일부 손상된 것에 대한 수리비다. 서울고등법원은 국가의 청구를 대부분 받아들였고, 대법원도 머지않아 선고를 할 것으로 예상된다. 해고 노동자 측이 상고한 이유는 여럿 있었는데, 여기서는 서울고등법원 판결의 문제점을 몇 가지 지적하고자 한다.

첫째 국가는 국민들 간의 갈등을 완화해 사회 통합을 이룰 책임이 있다. 먹튀 의혹이 있는 회사가 해고 노동자들을 상대로 거액의 손해배상과 가압류를 신청할 때, 국가는 갈등을 막기 위해 함께 노력했어야 한다. 하지만 도리어 이명박 정부에서는 국가까지 나서서 해고 노동자를 상대로 한 소송에 동참했다. 쌍용차나 보험회사가 제기하는 손해배상 청구는 차치하더라도, 국가의 손해배상 청구는 전형적인 전략적 봉쇄 소송으로 보인다. 이러한 소송의 성격을 파악하는 일이 이번 사건을 심리하는 출발점이 됐어야 한다.

둘째 진압 과정에서 장비가 일부 손상되거나 경찰공무원이 크고 작은 부상을 입는 것은 통상적으로 예상할 수 있는 일이다. 이러한 손해는 상대방 국민에게 매번 민사소송을 제기해 받아낼 것이 아니라 국가가 예산으로 처리해야 한다. 그게 정상이다. 미국에서는 경찰공무원과 소방공무원이 업무 중 부상을 입으면 그 손해에 대해 손해배상이 아닌 예산으로 처리하는 것을 원칙으로 한다. 이를 '소방관의 규칙fireman's rule'이라 하는데, 국가가 국민을 상대로 매번 소송을 제기해야 한다면 사회 통합에 저해가 된다는 취지다.

셋째 과도한 강경 진압이 있었다는 사정을 손해배상액을 산정할 때 참작해야 한다. 파업은 노사 간에 서로 인내와 양보를 요구하는 지난한 과정이다. 당시 이명박 대통령도 쌍용차 정리해고 사태는 정부가 개입할 문제가 아니라 노사가 해결해야 할 문제라고 말했다. 특별히 서둘러야 하는 이유가 없었는데도 경찰은 진압을 결정했을 뿐 아니라, 4만 볼트 테이저건과 고무탄 총 등 살상 무기로 중무장한 경찰특공대를 투입해 강경 진압했다. 그럴 때 더 이상 물러날 데 없는 해고 노동자들이 극력 저항할 것이고 양쪽 모두 크고 작은 피해를 입을 것임은 누구라도 알 수 있는 상황이었다. 설사 과도한 강경 진압이 경찰 측 손해 발생의 '주요 원인'이라고 단정할 수는 없다 하더라도, 적어도 어느 정도 '기여'했다는 것을 부인할 수 없다. 특히 파업을 진압하는 데 경찰 헬기에 고가의 독일제 기중기를 임차하면서까지 동원했어야 하는지 의문이 든다. 2심은 이러한 사정을 참작해달라는 피고 측의 항변을 받아들이지 않았는데, 대법원은 이를 마땅히 바로잡아야 할 것이다.

쌍용차는 지난 2015년 해고자 중 187여 명을 단계적으로 복직시키는 데 노력하기로 합의했지만, 2016년 2월 18명이 1차로 복직하고 2017년 4월 19명이 추가 복직된 이후 현재까지 추가 복직자는 없다고 한다. 파업에서 강제 진압을 당한 뒤 형사처벌도 받고 해고무효확인소송에서 패소도 한 해고 노동자들에게, 이제는 헬기와 경찰이 빌려 쓴 독일제 기중기의 수리비까지 전액 물어내라고 하는 것이 온당한가? 우리 사회의 평화와 통합을 위해 대법원이 합리적인 판결을 내리기를 기대한다.

서울고등법원(재판장 김우진) 2016.5.13. 선고 2014나1487, 2014나1494, 2014나1500(병합) 판결

후보와 정당을 말하지 않고
'정책' 선거가 가능할까

: 4대강 사업 반대와 무상급식 추진 캠페인의 공직선거법 위반, 다시 읽기

황영민 변호사(법무법인 이공)

누구나 선거에서 특정 후보나 정당에 투표하는 나름의 이유가 있을 것이다. 학연이나 지연이 될 수도 있고 그저 인물이 좋아서일 수도 있다. 특정 정당은 무턱대고 싫어하지만 좋아하는 정당이면 후보가 누가 됐든 찍을 수도 있다. 실현 불가능해 보이지만 '신혼부부 1억 원 지급' 같은 공약을 보고 기꺼이 투표권을 행사하는 유권자도 있다. 투표의 이유야 어떻든 선거에서 자신의 삶을 긍정적으로 바꿀 수 있는 '정책'이 중요하다는 점을 부정하기는 어렵다. 선거가 가까워지면 언론과 선거관리위원회에서 '정책 선거를 만듭시다' 같은 기사나 공익 광고가 나오는 이유도 그 때문이다. 그만큼 '정책' 선거는 선거라는 제도에서 일종의 지향점이다.

벌써 7년 전 일이다. 2010년 지방선거를 앞두고 각 정당과 후보자 사이에 '(친환경) 무상급식'을 둘러싸고 활발한 논쟁이 벌어졌다.

당시 이명박 대통령의 핵심 국정 과제인 '4대강 사업 추진'에 대해서도 격론이 벌어졌다. 이른바 정책 선거라면 이런 모습일 수도 있겠다는 생각이 들 정도였다. 그런데 선거일을 한 달가량 남겨 놓은 시점에 중앙선거관리위원회가 황당한 자료를 발표했다. 중앙선거관리위원회는 '단체 등의 선거쟁점 관련 활동방법 안내'라는 자료에서 "4대강 사업 계속 여부나 무상급식 실시 여부 등은 현재 각 정당 및 입후보 예정자들이 이번 선거에서 공약으로 채택하고 이에 대한 정치적 논란이 계속되고 있는 이른바 '선거 쟁점'에 해당된다"고 한 후, 선거 쟁점으로 볼 수 있는 경우 이와 관련한 활동은 공직선거법에 규정된 다양한(?) 활동 '방법'에 대한 규제를 당연히 받게 된다고 했다.

이에 따라 선거관리위원회는 4대강 사업과 무상급식에 대해 찬성하거나 반대하는 내용의 현수막(공직선거법 제90조), 인쇄물 배부(제93조), 서명 운동(제107조)이나 집회 개최(제103조) 등을 단속했고, 그 과정에서 4대강 사업 반대 캠페인을 벌인 환경 단체 활동가들과 친환경 무상급식 캠페인을 벌인 단체의 대표자가 기소돼 법정에 섰다.

너무나 모호한 그러나 지극히 단순한 기준, '정당과 후보자를 거론하지 말 것'

대법원은 4대강 사업과 무상급식 관련 캠페인을 벌인 활동가들에 대한 판결에서, 우선 "4대강 사업과 무상급식이 이른바 '선거 쟁점'에 해당한다는 이유로 단체의 지지·반대 활동이 전부 공직선거법에 의한 규제 대상이 된다고 할 수 없다"고 판시하며 선거관리위원회의 판단 기준이 잘못되었다는 점을 명확히 했다. 또한 정책에 대한 단체의 찬반 활동이 '선거에 영향을 미치게 하기 위한 목적의 탈법행위'나 '선거운동'에 해당해 공직선거법에 위반되는지는 그 정책이 '선거쟁점'이 되는지에 따라 일률적으로 결정할 수 없고, '일정한 판단 기준'에 따라 '개별적으로' 판단해야 한다고 했다. 그러면서 '선거운동'에 해당하는지는 '행위가 행해지는 시기·장소·방법 등을 종합적으로 관찰'하고, '선거에 영향을 미치게 할 목적'은 '피고인의 사회적 지위, 피고인과 후보자·경쟁 후보자 및 정당과의 관계, 행위의 동기와 경위와 수단과 방법, 행위의 내용과 태양, 행위 당시의 사회 상황 등을 종합해 사회 통념에 비춰 판단'해야 한다며 복잡한 기준을 제시했다.

그런데 두 판결은 4대강 사업과 무상급식 관련 캠페인으로 각 기소된 활동가들의 유무죄에 대해 다른 판단을 했다. 4대강 사업 반대 활동을 한 환경 단체 활동가들은 무죄를 선고받았지만, 친환경무상급식연대 대표의 경우(비록 일부 활동에 관해서는 무죄가 선고됐지만) 다수의 캠페인 활동에서 공직선거법 위반 행위가 있었다고 보아 최종적으로 벌금 200만 원의 유죄가 확정됐다.

이렇게 결론이 달리 내려진 이유는 무엇일까. 두 캠페인에 대한 검사의 공소사실은 유사했다. 결국 유무죄는 대법원이 말하는 공직선거법 위반 여부를 좌우하는 복잡한 '기준'이 구체적으로 어떻게 '적용'되는가에 따라 갈렸다.

먼저 무죄를 선고받은 4대강 사업 반대 활동가들의 경우, 2심 법원은 4대강 사업에 관해 주요 정당이 모두 공식적인 찬반 입장을 밝힌 것이 아니고, 피고인들의 선거구인 서울이 4대강 사업과 직접 관련 있는 지역도 아니라는 점 등을 종합해 피고인들의 '4대강 사업 반대 활동' 자체를 선거운동으로는 보기 어렵다고 했다. 또 피고인들이 소속된 환경 단체가 지방선거 이전인 4대강 사업 초기부터 집회와 토론회, 거리 캠페인, 서명운동, 현장 조사 등 반대 활동을 지속적으로 벌여왔고, 이번 사건 후에도 관련 사진전을 개최하는 등 활동을 유지했으며, 지방선거 무렵 피고인들의 활동이 활발해진 것도 4대강 사업의 본격적 진행에 따라 반대 운동도 강화된 데서 기인한 측면이 강하므로 반드시 지방선거를 겨냥했다고 볼 수 없다고 했다. 나아가 피고인들이 게시하고 배부한 사진, 인쇄물, 현수막 등에 특정 정당과 후보자를 언급하거나 유추할 표현을 사용하지 않았다는 점 등을 들어 이들에게 무죄를 선고했다. 대법원은 이와 같은 2심 법원의 판단이 정당하다고 보았다.

한편 친환경무상급식연대 대표의 경우 좀 더 다양한 일시와 장소에서의 활동에 관해 개별적으로 유무죄 판단이 이뤄졌다. 대법원은 '종전부터 주장해온 무상급식 정책을 지지하는 내용의 행사일 뿐 선거나 특정 정당과 후보자와의 관련성을 나타내면서 무상급식 정책을 지지한 것으로 볼 수 없는 행위'는 선거 관련성을 인정할 수 없다고 보아 무죄로 판단했다. 반면 무상급식 정책에 찬성하거나 반대하는 '특정 정당과 후보자를 직간접적으로 언급'하면서 이를 지지하고 비판한 행위에 대해서는 특정 정당에 대한 지지나 반대 또는 특정 후보자의 당선이나 낙선을 도모하고 선거에 영향을 미치게 하기 위한 목적 의지가 인정된다며 유죄로 판단했다.

두 판결의 결론을 단순화하면 대법원이 말하는 복잡한 '기준'은 결국 활동가들이 정책에 대한 찬반과 함께 '특정 정당과 출마 예상 후보자의 이름을 언급'하며 비판했는지에 달려 있다고 할 수 있다.

결국 선거에서 시민들이 공직선거법에 위반될 가능성을 차단하기 위해 지켜야 할 원칙은 간략히 이렇게 정리된다. '정책에 대해서는 얼마든지 찬반 의견을 말해도 좋다. 그러나 정책과 관련해 후보자나 정당을 거론하지 말라!'

선거에서 정책 논쟁이 활발해야 하는 이유는, 무엇보다도 정책에 대한 찬반을 통해 후보자와 정당을 선택할 정보를 제공하는 데 있다. 그런데 정책은 말하되 관련된 후보나 정당은 말하지 말라니…. 이러한 방식이라면 '정책' 선거는 불가능하거나 공허한 미사여구에 불과하다. 물론 선거가 가까워질수록 정책과 선거의 연계를 차단할 수밖에 없는 근본적인 원인이, 다른 민주주의 국가에서는 유사한 형태를 찾기 힘든 규제 중심적인 현행 공직선거법에 있음은 분명하다. 무고한 시민들을 선거 범죄자로 만드는 공직선거법을 바꾸는 것이 시급하다는 점은 아무리 강조해도 지나치지 않다. 하지만 그 전이라도 법원이 시민들의 정치적 자유를 한 단계 더 보호할 전향적인 해석을 내놓는 건 어떨까.

두 달이 지나면 우리는 또 다시 선거를 치르게 될 것이다. 국정 농단과 사드, 위안부 피해자들, 남북 관계, 기본소득 등. 수많은 선거 쟁점이 우리 앞에 놓여 있다. 그런데 정작 선거에서 우리는 정당과 후보자에게 어떤 정책을 원하는지, 그리고 그 정책을 추진하는 자를 지지하겠다고 자유롭게 소리칠 수 있을까? 광장에 나온 시민들의 다양한 목소리가 더 크게 울리는 진정한 정책 선거가 가능해질 때가 오기를 기대해본다.

대법원 2부(주심 전수안) 2011.6.24. 선고 2011도3447 판결(4대강 사업 반대 운동)
대법원 2부(주심 이상훈) 2011.10.27. 선고 2011도9243 판결(무상급식 관련)

후보자 검증의 한계는 어디까지인가

: 안중근 유묵 사건, 다시 읽기

류제성 변호사(부산시 감사위원장)

선거에서 후보자가 공직에 적격한 인물인지를 검증하려면 후보자와 후보자의 정책에 대한 모든 정보가 공개되고 이에 대한 자유로운 토론과 비판, 의혹 제기가 가능해야 한다. 그런데 후보자에 대한 의혹 제기는 경우에 따라 범죄가 될 수도 있다. 공직선거법이 낙선을 목적으로 후보자에 대한 '허위사실을 공표'하는 행위를 처벌하고(공직선거법 제250조 2항), 당선이나 낙선을 목적으로 공연히 사실을 적시해 후보자를 '비방'하면 처벌하고 있기 때문이다(제251조). 두 규정, 즉 허위사실 공표죄와 후보자 비방죄를 다룬 중요한 사례로 시인이자 대학교수인 안도현에 대한 판결을 살펴보자.

안시인은 2011년 10월 30일 방송된 MBC 프로그램 '시사매거진 2580'에서 '문화재청 관리 기록상 청와대가 소유자로 되어 있는 안중근 의사의 유묵이 현재 청와대에 있지 않고 소재를 알 수 없다'는 내용의 방송을 보고 관련 자료를 수집하고 연구한 결과, 18대 대선에 나선 박근혜 후보가 박정희 전 대통령 사후 청와대를 나오면서 당시 청와대에 있던 유묵을 갖고 나와 소장해온 것으로 생각하게 됐다. 그후 그는 '박후보가 직접 유묵의 행방에 관해 책임 있게 해명해야 하고, 그러지 않으면 박후보가 도둑으로 오인될 수 있다'는 취지의 글을 자신의 트위터 계정에 여러 차례 게시했다.

검사는 안시인이 '박후보가 안중근 의사의 유묵을 훔쳐 소장하고 있거나 유묵 도난에 관여했다'는 허위사실을 공표함과 동시에 후보자를 비방했다는 이유로 그를 기소했다.

국민참여재판으로 진행된 1심에서 배심원은 전원 일치로 허위사실 공표죄와 후보자 비방죄 모두 무죄로 평결했지만, 법원은 허위사실 공표죄에 대해서는 무죄, 후보자 비방죄는 유죄라고 판단하면서 형의 선고를 유예했다.

먼저 허위사실 공표죄에 관해서는, '박후보가 안중근 의사의 유묵을 훔쳐 소장하고 있거나 유묵 도난에 관여했다'는 것은 진위가 분명하지 않은 사실이라 피고인이 진실성을 입증해야 하나 입증하지 못했으므로 허위사실이지만, 피고인이 이를 허위라고 인식하지 못했다는 이유로 무죄라고 판단했다.

후보자 비방죄에 대해서는, 배심원 평결과 달리 유죄라고 판단하면서도 다음과 같은 이유로 선고를 유예했다. 첫째 대선 후보의 자격을 검증하려 그랬다는 공익 목적은 명목상 동기에 불과하고 낙선시킬 목적으로 박후보를 비방한 것이다. 이는 표현의 자유의 한계를 일탈한 것으로 위법하다. 둘째 사건은 법리적 쟁점이 많아 법률 전문가가 아닌 배심원들이 판단하기 어렵고, 사안의 성격상 정치적 입장, 지역의 법 감정, 정서에 따라 좌우될 수 있어 배심원 평결이 법관의 법적 평가를 기속할 수 없다. 셋째 따라서 배심원 평결은 양형에 한해서만 사실상 기속력을 가지므로 절충적으로 형의 선고를 유예한다.

이와 달리 항소심은 허위사실 공표죄에 대해선 진위가 분명하지 않아 허위사실이라고 단정할 수 없다며 무죄라고 판단했고, 후보자 비방죄에 대해서도 해당 표현이 '비방'에는 해당하나 피고인으로서는 진실로 믿을 만한 상당한 이유가 있었다는 점, 피고인이 의혹을 제기한 데에는 박후보가 공무에 적격한 인물인지를 검증하려는 공익적 목적이 있었다는 점 등을 들어 무죄라고 판단했다. 다시 검사가 상고했으나 대법원이 상고를 기각하면서 무죄가 확정됐다.

이번 사건의 쟁점은 여럿이나 여기서는 허위사실 공표죄와 후보자 비방죄에 위헌성은 없는지, 합헌이라고 하더라도 해석하고 적용할 때 어떤 점을 주의해야 하는지, 그리고 이러한 기준에 비춰 1심과 항소심 판결을 어떻게 평가할지를 주로 살펴보고자 한다.

허위사실 공표죄의 위헌성과 적용 한계

허위사실 공표죄와 후보자 비방죄는 모두 선거를 준비하는 후보자를 검증할 목적으로 의혹을 제기할 때 이를 규제하는 것이라서, 정치적 표현의 자유와 유권자의 알 권리를 직접적으로 제약한다. 그런데 허위사실 공표에 대해서는 헌법상 보호할 필요가 없는 것 아닌가라고 생각할 수도 있다. 하지만 그렇지 않다. 허위사실과 진실인 사실은 서로 혼재하는 경우가 많아 구별하기가 언제나 간명한 것이 아니며, 역사상 허위라고 여겨진 사실이 사후에 진실로 밝혀지거나 그 반대인 경우도 많이 있다. 또 조사 권한이 없는 일반 시민으로서는 제기된 의혹이 진실인지 확인할 수단이 제한될 수밖에 없는데, 언제나 진실만 말하라고 요구하는 것은 사실상 후보자 검증을 차단하는 위축 효과를 초래한다. 헌법재판소도 허위사실이라고 해서 표현의 자유로 보호할 대상에서 제외되는 것은 아니라고 보고 있다.

비교법학 측면에서 보더라도 허위사실 공표를 형사 처벌하는 민주주의 국가는 한국이 유일하다. 미국의 경우 공인에 대해 '실제적 악의actual malice'를 갖고, 즉 허위사실임을 '알면서knowingly' 진술하거나, '중요한 사실에 대한 비상식적인 무시reckless disregard of material facts' 속에서 허위 진술을 한 경우를 제외하고는 헌법상 표현의 자유로 보호를 받는다는 취지로 기존의 전통적인 표현의 자유의 틀을 한결 넓혀나가고 있다. 선거 과정에서 설령 사실에 부합하지 않는 진술이 나온다고 하더라도 정부와 법원이 나서서 이를 규제하는 것은 민주주의의 근간을 흔들 수 있고 선거와 정치적 자유를 근본적으로 제약할 수 있다는 생각이다. 이러한 인식하에 허위사실에 대한 규제는 매우 신중하고 엄격해야 한다는 입장을 정립해가고 있다.

우리 공직선거법상 허위사실 공표죄는 단순히 '당선되지 못하게 할 목적으로 허위의 사실을 공표'하는 것을 처벌하고 있는바, 근거 없고 무차별적인 의혹 제기로 생기는 폐해가 심각하다는 것을 감안하더라도 법조문의 표현 자체가 매우 모호하고 지나치게 광범위해 위헌의 소지가 크다. 따라서 엄격하고 제한적인 해석이 필요하다. 대법원 판례는 공직 후보자에게 위법이나 부도덕함을 의심케 하는 사정이 있는 경우 그에 관한 공적 판단이 있기 전이라도 의혹 제기가 쉽게 봉쇄돼서는 안 된다고 보고 있다.

또 대법원 판례는 의혹의 존재를 적극 주장하는 자가 그런 사실의 존재를 수긍할 만한 소명 자료를 제시할 부담을 지고 이를 제시하지 못할 경우 책임을 져야 하며, 소명 자료에 의해 제기한 의혹이 진실이라고 믿을 만한 상당한 이유가 있는 경우 비록 사후에 진실이 아닌 것으로 밝혀지더라도 표현의 자유를 보장하기 위해 처벌할 수는 없다고 보고 있다.

그런데 이러한 대법원의 입장에 따르면, 유죄를 입증할 책임은 검사가 진다는 형사법의 대원칙이 무너져버리는 결과가 초래될 수 있다. 따라서 피고인이 허위성을 소명할 부담이 검사의 입증 책임보다 그 양과 질에서 반드시 가벼워야 한다. 피고인이 법원의 촉구에도 불구하고 소명 자료를 제출하지 못하거나 제출한 자료가 구체성이 없는 막연한 내용에 불과한 경우에만 소명 의무를 다하지 못한 것으로 봐야 할 것이다. 또 내용상 명백히 기망을 통해 낙선을 유도할 목적을 담은 것으로, 형식상 직접적으로 허위사실을 강조할 목적으로 행해진 허위 진술만을 처벌하는 것으로 좁게 해석할 필요가 있다.

1심은 '박근혜 후보가 안중근 의사의 유묵 도난에 관여했거나 도난당한 유묵을 소장했다'는 것은 진위가 분명치 않아 의혹을 제기한 피고인이 해당 사실이 진실하다는 점을 소명해야 하는데, 피고인이 이를 소명하지 못했으므로 허위사실에 해당한다고 보았다. 그래도 피고가 허위라고 인식하지 못했으니 결과적으로는 무죄라고 판단했다. 즉 의혹을 제기한 자가 의혹 사실을 소명할 부담과 검사가 유죄를 입증할 책임을 동일한 수준으로 본 것이다.

반면 항소심은 의혹을 제기하는 자가 의혹 사실을 소명할 책임을 진다는 대법원 판례를 따르면서도, 피고인이 의혹을 제기하게 된 경위와 동기, 피고인의 소명과 검사의 수사 결과를 종합적으로 고려해 보면 허위성이 입증되지 않았다며 무죄라고 했다. 1심이 검사가 유죄를 입증할 책임을 진다는 형사법의 대원칙을 무시하고 피고인에게 소명할 부담을 과도히 지게 했다면, 항소심은 그 오류를 시정한 것이다.

후보자 비방죄의 위헌성과 적용 한계

후보자 비방죄는 진실한 사실을 적시해 후보자 등을 비방하는 행위를 처벌하고 있다. 그런데 진실한 사실을 적시하는 행위에 대해 처벌하는 외국의 입법례는 찾아보기 어렵다. 대법원은 '비방'이란 정당한 이유 없이 상대방을 깎아내리거나 헐뜯는 것을 의미한다고 하지만, 그렇게 해석하더라도 '비방'의 의미가 모호하기는 마찬가지다. 정치적 의사 표현과 비판 행위가 어떻게 구별되는지 판단하기 어렵기 때문에, 후보자의 정책에 대한 평가나 의혹 제기, 진실로 밝혀진 것에 대한 공표조차 봉쇄될 우려가 있다. 따라서 후보자 비방죄에 대해서도 엄격하고 제한적인 해석과 적용이 필요하다.

특히 '진실한 사실로서 공공의 이익에 관한 때에는 처벌하지 아니한다'는 공직선거법 제251조 내 단서를 적극 적용할 필요가 있다. 대법원 판례는 첫째 적시된 사실이 전체적으로 보아 진실에 부합하고, 둘째 내용이 객관적으로 공공의 이익에 관한 것이고, 셋째 행위자가 공공의 이익을 위해 그 사실을 적시한다는 동기에서 이를 실행에 옮길 경우 처벌할 수 없다고 한다. 그리고 진실인 것으로 믿을 만한 상당한 이유가 있는 경우에는 비록 사후에 진실이 아닌 것으로 밝혀지더라도 처벌할 수 없다고 본다.

그런데 1심은 '박근혜 후보가 안중근 의사의 유묵 도난에 관여했거나 도난당한 유묵을 소장했다'고 적시한 것이 비방에 해당하는지, 비방에 해당한다면 그것이 진실한 사실인지 아니면 진실한 사실이 아니라도 진실로 믿을 만한 상당한 이유가 있는지에 대해서는 아무런 판단을 하지 않았다. 별다른 논증 없이 피고인이 주장하는, 대통령 후보의 자격을 검증하려 그랬다는 공익 목적은 명목상 동기에 불과하고 낙선시킬 목적으로 비방한 것이라며 위법하다고 단정했다는 점에서 문제가 있다. 더욱이 배심원은 법리적 쟁점이 많아 판단을 잘하지 못하거나 편향된 판단을 할 것이라는 법관의 편견을 드러내고 있다. 시민의 건전한 상식에 기초한 판단을 신뢰할 수 없다면 국민참여재판은 도입할 필요가 없는 제도다. 국민참여재판의 실효성과 신뢰성을 높이기 위해 배심원 평결의 기속력을 권고적 효력보다 강한 사실상의 기속력이나 법적 기속력으로 개정해야 한다는 주장이 유력하게 제기되는 현실과도 부합하지 않는다.

우리나라뿐 아니라 세계 각국에서 대의제의 위기가 거론되고 있다. 대의제 위기의 원인을 비단 공직선거법에서만 찾는 것은 너무 협소한 견해일 것이다. 하지만 공직선거법이 후보자에 대한 의혹 제기와 비판을 봉쇄함으로써 정치적 표현의 자유와 알 권리를 침해하고, 후보자의 공직 적격에 대한 검증을 방해함으로써 선거에 대한 불신과 무관심을 초래할 수 있다는 점에서 상당히 관련 있다고 봐야 할 것이다. 따라서 허위사실 공표죄와 후보자 비방죄는 폐지하거나 개정해야 하고, 존속할 경우 항소심처럼 엄격하고 제한적으로 해석해야 한다고 하겠다.

전주지방법원 형사2부(재판장 은택) 2013.11.7. 선고 2013고합96 판결
광주고등법원 전주재판부(재판장 임상기) 2014.3.25. 선고 2013노237 판결

교사의 시국선언과 정치 기본권

: 2009년 교사 시국선언 사건, 다시 읽기

곽노현 징검다리교육공동체 이사장

지난 2009년 6월 18일 전교조는 무려 1만 6171명의 교사 명의로 대규모 시국선언을 발표했다. 5월 23일 노대통령의 급서에 따른 국민적 비탄과 애도 속에 대학교수와 시민사회단체들의 시국선언이 이어지는 상황이었다. 선언 당일 이후에도 참여 의사를 밝힌 교사들이 줄을 서 6월 22일 전교조 기관지에 실린 서명 명단에 이름을 올린 교사가 1만 7189명에 이를 만큼 참여 열기가 뜨거웠다. 선언문에서 서명 교사 일동은 이명박 정권의 비민주적 기조와 행태를 비판하며 국정을 전면 쇄신해서 국민의 신뢰를 회복하라고 강력히 촉구했다.

교육부는 국가공무원인 교사들이 국가공무원법 제66조 1항에서 금지하는 '공무 외의 일을 위한 집단 행위'를 했다는 이유로 주동자들을 대거 고발했다. 이에 전교조는 그런 방침이 부당하다며 철회를 요구하는 2차 시국선언을 조직했다. 검찰은 기다렸다는 듯 신속히 수사해서 1차와 2차 시국선언에 참가한 이들에게 대해 모두 국가공무원법을 위반한 죄목으로 기소했다. 결과적으로 정진후 위원장 등 본부와 지부의 간부 총 93명이 불구속 기소돼 전국 19개 지방법원에서 형사재판이 진행됐다. 사건들은 전주지방법원과 대전지방법원을 제외하고는 1심 법원 모두에서 유죄 판결을 받는다. 고등법원에서는 모두 유죄 판결이 나와 사건들은 대법원으로 넘어갔는데, 대전지방법원 사건만 전원합의체에 회부되고 나머지는 소부 판결을 거쳐 유죄가 확정됐다.

유독 대전지방법원 사건만 대법원 전원합의체에 넘겨진 것은 물론 소부에서 반대의견이 나왔기 때문이지만, 1심에서 드물게 무죄가 선고됐으나 2심 법원에서 뒤집힌 사안이라는 점도 영향을 미쳤을 것이다. 전원합의체에 넘겨진 교사 시국선언 사건은 2012년 4월 19일 유죄로 확정됐지만, 당시 놀랍게도 대법관 5인이 소수의견을 남겼다. 유무죄 판단이 8대 5로 갈릴 정도면 위법성과 가벌성 판단에서 찬반이 팽팽하다는 뜻이자 규범적 확신이 아니라 다수 정서와 관행의 힘에 따라 처벌이 진행되고 있다는 뜻이다. 머지않아 위헌 판단이 나오거나 국회 입법 과정을 거쳐 위헌적 요소를 털어낼 수 있으리라는 청신호이기도 하다.

헌법재판소의 최근 판결도 이런 예감에 부합한다. 시국선언 사안으로 징계를 받은 교사 몇이 헌법재판소에 헌법소원을 내서 2014년 8월 28일 헌법재판소에서 판단이 나왔다. 이때 이정미, 김이수 재판관은 국가공무원법상의 집단 행위 금지 조항이 명확성 원칙과 과잉금지 원칙에 위반돼 위헌이라며 소수의견을 냈다. 이 헌법소원 사안에서는 형식적인 이유로 각하 의견을 낸 재판관이 셋이나 돼 정확한 합헌·위헌 의견 분포를 알기는 어렵다. 다만 몇 달 앞선 2014년 3월 27일, 교원의 정당 가입 금지 조항에 대한 위헌 소원 사건(2011헌바42)에서 재판관 4명이 위헌 의견을 붙인 사실이 중요하다. 교사의 정치 기본권 제한과 관련해 처음으로 합헌 의견이 한 표 차로 다수의견이 된 셈이다.

'이명박근혜' 정권이 구성한 보수 성향의 대법원과 헌법재판소에서조차 각각 8대 5, 5대 4로 찬반 의견이 엇비슷하다는 사실은 향후 문재인 정권 아래 대법원과 헌법재판소가 중도·진보 성향으로 교체될 경우 교원과 공무원의 정치 기본권 보장이 멀지 않다는 것을 말한다.

공무원과 교사의 시민적, 정치적 권리는 공무 수행과 교육은 정치적 중립성을 확보해야 한다는 통념의 뒷받침을 받아 벌써 반세기 넘게 제한돼왔다. 그동안 대법원과 헌법재판소에는 위헌 여부를 판단할 기회가 몇 차례씩 있었다. 당연히 대법원과 헌법재판소도 '공무 외의 일을 위한 집단 행위' 금지가 불명확할 뿐 아니라 과잉 금지가 된다는 점을 모르지 않았다. 그래서 두 요건을 덧붙여 한정 해석했다. 공익에 반하는 목적을 가진 집단 행위라야 한다는 것이 첫 번째이고, 직무 전념 의무에 반하고 공직 기강을 저해하는 등 공익에 피해를 주는 집단 행위라야 한다는 것이 두 번째 요건이다. '공무 외 집단 행위'를 이렇게 해석하면 명확성 원칙과 과잉 금지 원칙에 위반되지 않는다는 것이 판례의 입장이다.

대전지방법원도 이러한 한정 해석에 힘입어 시국선언의 목적이 정치적 비판으로서 공익에 반하지 않고 시국선언의 결과로 학생들의 학습권이나 교육 행정에 피해가 없었다며 1차와 2차 선언 모두에 대해 무죄 선고했다. 반면 2심은 1차와 2차 시국선언 모두에서 공익에 반하는 목적과 직무 기강 저해성을 찾아내 둘 다 유죄로 판단했다. 2심은 특히 학생에 대한 교사의 영향력에 주목했다. 학생들은 감수성, 모방성, 수용성이 높아 교사가 학교 밖에서 집단적으로 정치적 의사 표시를 해도 영향을 받기 쉽기 때문에 교육의 정치적 중립성을 위해서는 교사의 집단적 정치 표현 행위에 대해 규제가 불가피하다는 것이다.

대법원 다수의견은 2심의 판단 논거를 그대로 수용했다. 1차 시국선언과 2차 시국선언의 목적과 성격이 다르다며 1차는 유죄, 2차는 무죄로 최종 판단하자는 1인 소수의견도 붙었다. 1차 시국선언에 따른 정부의 강력한 사법 처리 방침을 비판하며 방침 철회를 요구한 2차 시국선언은 교원 단체나 동료 교사의 정당한 의사 표시로서 공익에 반하는 목적이 있다고 보기 어렵다는 것이다. 대법관 5명이 낸 소수의견은 문언이 명확하지 않고 공익에 반하는 목적이 없으며 직무 전념 의무를 해태하지 않았다는 이유로 1차, 2차 다 무죄라는 취지다.

전교조 시국선언 사안의 근본적인 쟁점은 교육의 정치적 중립성을 확보하기 위해 교원의 정치 기본권을 특별히 제한해야 하는지, 그렇다면 어느 선까지 제한하는 것이 적정한지에 있다. '공무 외 집단행위'라는 해석 법리는 사실상 공무원과 교원의 시민적, 정치적 권리의 보장 한계를 설정하는 통로 역할을 한다. 또 민주 시민 양성을 법적 사명으로 삼는 교원의 경우 정치 기본권을 제약하는 것이 과연 바람직한 교육 효과를 낼지도 문제가 된다. 한마디로 공무원과 교원의 시민적, 정치적 기본권 제약(집단 행위와 정치 활동 금지, 정당 가입과 선거 운동 금지)은 우리 사회의 큰 인권 문제이자 정치 문제, 교육 문제다. 서구 선진국에서는 이미 오래전부터 보편적 인권 보장의 관점에서 해소된 문제이지만 우리나라에서는 이번 문재인 정권에서 비로소 극복할 전망이 보이는 민주주의와 인권의 중대 과제다.

이번 사안의 3심 재판에서 단연 돋보인 것은 대전지방법원의 해석이다(대전지방법원 2010.2.25. 선고 2009고단2786, 2009고정2259, 2009고단4126 병합 판결). 대전지방법원은 두 대전제에서 출발한다. 첫째 공무원도 국민의 일원인 이상 직무의 온전성을 해하지 아니하는 범위 내에서 정부의 정책 기조에 대한 의견을 밝힐 기본권을 당연히 누린다. 둘째 공무원의 정치 활동을 폭넓게 허용하는 구미 선진국의 입법례를 볼 때 공무원의 정치 활동을 대단한 악으로 볼 이유가 없고, 공무원과 교사의 시민적, 정치적 기본권을 신장하는 방향으로 해석하는 편이 헌법의 정신에 부합한다. 둘 다 동의하지 않을 수 없는 출발점이다.

이제 방향을 잡았으니 본격적으로 시국선언이 공익에 반하는지를 검토한다. 대전지방법원은 정치적 비판과 반대를 민주 사회에서 공익에 반하는 목적으로 볼 수 없다고 판단한다. 정치 세력 간에 의견이 첨예하게 대립하는 정치적 사안에서 자유롭게 정치적 표현을 허용할 경우 결과적으로 어느 한 정치 세력을 편들기 쉽다. 만약 정치적 중립성의 이름으로 이런 정치적 표현을 금지하고 처벌하면 겉으로는 중립적인 것 같아도 실제로는 정치적 반대 세력의 입에 재갈을 물리는 탄압 행위를 용인하는 것과 다르지 않다. 이렇게 될 경우 국가는 독재와 전제로 흘러 필연적으로 민주주의와 공익이 침해받는다. 표현의 자유, 특히 쓴소리할 자유만큼 소중한 공익은 없다. 따라서 교사의 시국선언은 공익에 반하는 목적을 가진 것으로 판단할 수 없다.

그렇다면 시국선언으로 직무 전념 의무 등 직무 기강에 피해가 생기고 학생의 학습권이 침해되었는가? 교사가 수업 시간에 학생들에게 시국선언을 얘기한 것도 아니고 업무 시간을 이용해 시국선언을 진행한 것도 아니다. 시국선언 때문에 학생의 학습권을 침해하거나 교사의 직무 전념 의무를 위반하는 일은 없었다. 교장이 시국선언에 참여하는 것을 자제하라고 권고했지만 시국선언 참여는 교장의 업무 지시권이 미치지 못하는 시민적 권리 행사의 영역이다.

이러한 논리 전개로 대전지방법원은 교사 시국선언이 공익에 반하거나 직무 전념 의무 등 직무 기강을 흔드는 집단 행위에 해당하지 않는다고 결론 내리고 무죄를 선고했다. 교사와 공무원의 공무 외 집단 행위 중 최소한 정치적 표현 행위는 자유로이 인정해야 한다는 법리가 선언된 셈이다.

만약 대전지방법원의 법리 판단이 수용돼 교사나 공무원의 집단 행위, 즉 정치적 표현의 자유가 허용되면 부하나 동료, 상사의 정치적 입장을 서로 알게 될 텐데 정치적 입장이 다른 이들끼리 손발을 맞춰

공무를 원활히 수행하는 게 가능할까? 대전지방법원은 공무원은 직무상 명령에 복종할 법적 의무가 있으므로 상사와 부하 간에 정치적 소신이 맞지 않더라도 공무를 원활히 집행하는 데는 아무런 문제가 없을 것으로 전망했다. 오래전에 공무원과 교원의 정치 활동 금지를 거의 모두 해제한 구미 선진국의 경험이 이런 예측을 지지한다.

대전지방법원의 무죄 논거에 이어 2014년 8월 28일 헌법재판소 결정에서 이정미, 김이수 재판관이 붙인 소수의견에서도 희망의 근거를 찾을 수 있다. 이 소수의견이 제시한 위헌 근거는 대법관 5명이 낸 소수의견의 내용과 일치한다. 첫째 공무 외의 일을 위한 집단 행위를 다수의견처럼 축소 해석해도 여전히 그 의미가 불명확해서 명확성 원칙에 위반된다. 둘째 공무원의 직무나 직급, 근무시간 내외를 구분하지 않을 뿐 아니라 표현 행위가 집단적으로 행해지기만 하면 헌법 질서의 수호 유지를 위한 정치적 의사 표현까지도 금지하고 있으므로 과잉 금지 원칙에 위반된다는 것이다.

더 눈에 들어오는 부분은 소수의견이 제시한, 교사의 정치 활동을 제한하는 정당한 기준이다.

"정치 활동이 제한되는 장소, 대상, 내용은 학교 내에서 학생에 대한 당파적 선전 교육과 정치 선전, 선거운동에 국한해야 하고, 그 밖의 정치 활동은 정치적 기본권으로서 교원에게도 보장돼야 한다."

두 재판관의 소수의견이 문재인 정권의 5년 임기 중에 대법원과 헌법재판소의 다수의견이 되고 입법으로 구체화될 것임을 의심치 않는다. 이렇게 교사와 공무원이 '영혼 없는' 관료를 넘어 당당한 민주 시민으로 거듭날 때 비로소 한국의 정당정치와 민주 시민교육이 성큼 발전하게 될 것이다.

대법원 전원합의체(주심 김용덕) 2012.4.19. 선고 2010도6388 판결
헌법재판소 2014.8.28. 선고 2011헌바32, 2011헌가18, 2012헌바185(병합) 결정

정리해고 앞에서
한낱 '생산요소'에 불과한 노동자들

: 쌍용차 정리해고 대법원 판결, 다시 읽기

김태욱 변호사(금속노조 법률원)

2014년 2월 7일 서울고등법원은 쌍용자동차 정리해고가 긴박한 경영상 필요성을 갖추지 못했고 해고 회피 노력을 다하지 않은 것이라 무효라고 선고했다. 2009년 초부터 시작해 무려 2646명이나 되는 노동자들의 일자리를 뺏은 쌍용차 구조조정이 부당하다는 선언이다(이때 일자리를 잃은 생산직은 2319명, 당시 생산직 전체 인원의 45.5퍼센트였다. 정리해고 일자는 2009년 6월 8일이었다). 그러나 고등법원 판결은 불과 9개월 후인 11월 13일 대법원에서 파기 환송되고 만다. 도대체 대법원이 서울고등법원 판결을 파기한 이유, 그것도 마치 무엇인가에 쫓기듯 그토록 초고속으로 선고한 이유는 무엇이었을까?

정리해고 조항이 입법되기 전에도 대법원은 정리해고가 가능하다고 판시해왔다. 다만 지금처럼은 아니었고 소위 정리해고의 4개 요건(긴박한 경영상의 필요, 해고 회피 노력, 충분한 협의, 정당한 해고 대상자 선정)을 모두 갖춘 경우에 한해 가능하다고 했다. 특히 '긴박한 경영상의 필요'를 도산을 회피하기 어려운 경우로 제한해 해석해왔다. 그러다 1997년 정리해고 조항이 개정 근로기준법에 들어가자 오히려 대법원은 정리해고 요건을 완화하는 해석을 하기 시작했다. 이를테면 '긴박한 경영상 필요'에 '장래에 올 수도 있는 위기에 미리 대처하기 위한 경우'도 포함되는 것으로 해석했다. 또 정리해고 4개 요건 중 일부가 갖춰지지 않아도 전체적으로 봐서 유효할 수 있다는 해석까지 내놨다. 현행 근로기준법의 문언상 이렇게 해석을 하는 것은 불가능한데도 말이다. 대법원이 사실상 없는 법률을 만들어낸 것으로 볼 수 있고, 이러한 월권행위는 입법부의 권한까지 침범하는 셈이다.

그런데 쌍용차 정리해고 2심 판결은 이러한 대법원 판결의 추세와 달리, 근로기준법이 규정한 대로 정리해고의 정당성은 엄격히 판단해야 한다고 명확히 판시했다. 특히 쌍용차 사건에서 회계 부정(유형자산 손상차손[유형자산을 사용하고 처분할 때 진부화 등으로 생기는 미래의 현금 흐름 총액이 장부가액에 미달할 경우 그 차액을 손상차손으로 처리하는 것]을 과대 계상)이 중요한 쟁점이었는데, 구차종은 상당 부분 단종할 것을 전제로 매출을 추정하면서도 후속 신차종(이미 개발이 끝난 차종 포함)에 대해선 전혀 매출을 반영하지 않은 것이 (유형자산 손상차손의 전제인) '계속기업 가정'(폐업하지 않고 계속 기업을 운영한다는 가정)에 위반되는 모순된 주장이라고 판단했다.

또 2심 판결은 회계 부정 문제뿐 아니라 정리해고의 나머지 요건에 대해서도 엄격한 입장을 원칙적으로 유지했다. 즉 장기간 구조조정을 했음에도 불구하고 쌍용차의 경쟁력 자체가 상당 기간 유지되고 있었던 점, 쌍용차가 주장하는 경영 위기가 구조적, 계속적 위기라고 볼 수 없는 점, 유동성 위기의 원인이 된 대주주(상하이기차)가 회생 절차를 통해 교체될 기회가 주어진 점, 정리해고 규모가 과다한 점 등을 이유로 들어 '긴박한 경영상의 필요' 요건이 충족되지 않는다고 했다. 해고 회피 노력과 관련해서도 대기업의 사회적 책임을 강조하면서, 희망퇴직 등의 조치는 고용관계를 종료하는 것이니 해고 회피 노력 중에서 제일 마지막이 돼야 한다고 보았다.

대법원은 이러한 2심 판결을 그야말로 전부 뒤집었다. 유형자산 손상차손 과대 계상과 관련해서는 "회사의 예상 매출 수량 추정이 다소 보수적으로 이뤄졌다고 하더라도 그 합리성을 인정"해야 한다며 과대 계상되지 않았다고 판단했다. 또 유동성 위기가 존재했으며 쌍용차의 경쟁력 상실은 계속적이고 구조적인 것이라고 했다. 정리해고 규모에 대해서도 "잉여 인력이 몇 명인지 등은 경영 판단의 문제이므로 특별한 사정이 없는 한 그 판단을 존중"해야 한다고 했다. 해고 회피 노력에 대해서는, 고용관계를 종료하는 희망퇴직을 꼭 나중에 할 필요는 없다는 취지로, 그 노력도 다한 것처럼 판시했다.

대법원의 판단은 객관적 증거에도 반하는 것으로서 문제가 심각했다. 특히 회계 부정 문제와 관련해 "다소 보수적으로 추정하더라도 합리성을 인정"해야 한다고 판단한 부분은 회계 부정이 만연하고(대우조선 분식 회계를 맡은 안진회계법인 회계사가 실형을 선고받았다) 몇몇 회계 지표만을 보고 정리해고의 긴박한 경영상 필요가 있다고 쉽게 선고해버리는 한국의 실태에서, 사법 심사를 거의 포기하겠다는 것과 다르지 않다.

또 정리해고 규모에 대해서도 특별한 사정이 없는 한 경영자의 판단을 존중하라는 것은 기존의 잘못된 대법원 판결(동서공업 판결)의 내용에 따른 것이기는 하지만, 이 역시 긴박한 경영상 필요와 해고 회피 노력에 대한 사법 심사를 크게 완화하는 것이다.

고용관계를 종료하는 희망퇴직은 현실에서는 정리해고와 거의 동일한 의미인데 이를 해고 회피 노력으로 전면적으로 인정하는 것도 정리해고는 최후 수단이어야 한다는 근로기준법의 취지를 무색하게 하는 것이다. 이렇듯 대법원 판결은 정리해고에 고속도로를 깐 판결이라고 평할 수 있다.

쌍용차 정리해고라 하면 아마도 대규모 정리해고와 거액의 손해배상을 같이 떠올리는 사람이 많을 것이다. 이런 상황이 현재 한국 사회에서 (누군가는 강성 노조라고도 부르는) 노동자들(구조조정의 최우선 대상은 비정규직이다)이 처한 현실을 정확히 보여주는 것이다. 한국의 헌법은 노동조건을 향상하고 지키기 위해 단체행동권(파업)과 근로기준법 등에 의한 사법 심사라는 두 방법을 노동자들에게 보장하지만, 정리해고 문제 앞에서 그것들은 무력하다. 파업을 하는 즉시 불법행위로 간주돼 거액의 손해배상과 형사처벌을 당하고, 대법원은 갈수록 정리해고에 대한 사법 심사를 완화하고 있다. 노동자들이 '합법적'으로 정리해고에 대응할 두 방법이 모두 작동하지 않는 셈이다.

쌍용차 정리해고에 관한 2심 판결은 적극적이고 문언에 충실한 해석을 통해 두 방법 중 한 가지(사법 심사)라도 제대로 작동하게 하려고 노력했으나, 대법원은 마치 무엇에라도 쫓기듯이 단 9개월 만에 이를 파기해버렸다. 대법원은 정리해고 앞에서 노동자들은 한낱 '생산 요소'에 불과한 존재라는 것을 철저히 알려주고 싶었나 보다. 그것이 이토록 신속하고 자세히 2심 판결을 파기한 대법원의 잔인한 의도였던 것 같다.

대법원 3부(주심 박보영) 2014.11.13. 선고 2014다20875, 20882 판결

키코 사건의 본질과 대법원의 오류

: 키코 사건, 다시 읽기

박선종 교수(숭실대 법과대학)

2017년 6월 20일 국회 간담회에서 키코 사건의 피해 기업과 투자자들이 검찰에 재수사를 촉구하고 나서면서 키코 사건의 실체가 재조명되고 있다. 키코(KIKO: knock in knock out)는 일종의 통화 옵션 계약으로 환율이 일정 범위에서 움직이면 미리 정한 환율(계약 환율)로 기업이 달러를 은행에 팔 수 있도록 한 파생 금융 상품이다. 그런데 이 상품은 특정 구간에서만 위험 회피가 되면서 가입한 중소기업은 극히 제한된 기대 이익을 대가로 무제한의 위험에 처하게 됐다.

한국기업회생지원협회에 따르면 초기에 '키코피해기업 공동대책위원회'에 가입한 기업은 1000곳이 넘고, 피해 규모는 최소 3조 원 수준이다. 도산하고 상장 폐지됨에 따라 소송에 참여하지 못한 기업의 피해액까지 보태면 10조 원가량 될 것으로 추산된다. 피해 규모도 크지만 피해 당사자가 한국 경제와 함께 견실히 성장해온 수출 중소기업이 대부분이라는 점에서 키코 사건은 한국 경제 전반에 큰 상처를 입혔다.

키코 사건의 본질에 대해서는 은행의 사기 행각에서 비롯한 것이라는 기업 측 입장과 기업의 투기에 기인한 것이라는 은행 입장이 첨예하게 대립한다. IMF 자료에 따르면, 키코와 유사한 형태의 파생 상품에 가입했다 큰 손실을 입은 사례는 한국, 일본, 중국, 인도, 스리랑카, 말레이시아, 홍콩, 인도네시아 등 아시아 지역뿐 아니라, 브라질과 멕시코 등 중남미 지역, 폴란드 등 유럽 지역에서도 발생했다. 각국에서 사회적으로 문제가 된 주요 쟁점은 어김없이 은행의 '사기'가 있었는가였다. 미국이나 이탈리아 같은 선진국, 인도 같은 아시아 국가에서는 키코와 동일한 구조의 파생 상품이 일찌감치 사기로 결론이 났다. 그런데 한국에서는 아직까지 검찰이 기소조차 제대로 못 한 상황인데 민사소송에서 사기가 아니라는 이례적인 판단이 내려진 것이다.

대법원은 2013년 9월 26일 4건의 키코 사건(세신정밀, 삼코, 수산중공업, 모나미)을 다룬 전원합의체 판결에서 키코의 본질에 관해 환헤지(환율 변동으로 생기는 리스크를 피하기 위한) 상품으로서 부적합하다는 것을 인정하지 않았을 뿐 아니라, 사기나 착오로 가입한 것이니 취소해야 한다는 기업 측의 무효 취소 주장도 인정하지 않았다. 사실상 대법원이 비교적 구체적으로 판단한 부분은 적합성 원칙과 은행 측의 설명 의무였다.

키코 사건의 본질은 은행의 '사기적 판매 행위'인데, 대법원이 이를 밝히지 못한 점은 진실 규명과 사법 정의 차원에서 재고할 여지가 있다. 은행 측이 자신들에게 일방적으로 유리한 투기 상품을 기업을 위한 헤지 상품으로 호도하다 보니, 대법원에서는 사기나 착오의 문제를 깊이 다루지도 못했다. 이 점 또한 상당히 아쉬운 부분이다.

이번 소송에서 키코에 대해 은행은 일종의 보험 상품(헤지 상품)으로 판매했다고 주장하고, 기업도 환율 변동에 대비하기 위한 보험 상품으로 알고 계약을 체결했다고 주장했다. 각급 법원도 단 한 건의 예외도 없이 키코가 보험 상품이라고 인정했다. 그렇다면 보험 계약자인 기업이 거액의 손해를 입었다는 사실을 어떻게 설명할 수 있는가? 일반인의 상식에 비춰볼 때 이는 상상할 수 없는 일이다.

기업 주장의 요점은, 거액의 손실이 생긴 것이 키코가 보험 상품이 아닌 투자 상품이라는 것을 증명하는 것이며, 은행이 투자 상품을 보험 상품으로 가장해 판매한 것은 '사기'라는 것이다. 법정에서 한 법관이 은행 측에게 물었다.

"카지노에서도 6대 4 비율 정도의 승률이 지켜지는데 키코는 12대 0으로 중소기업이 완전히 잃고 있어요. 이 정도면 사기 아닌가요?"

하지만 대법원 민사판결의 입장은 키코가 헤지 상품이라는 것이었다.

대법원 판단의 근본적 오류는 "헤지 거래를 하려는 당사자가 현물의 가격 변동과 관련해 특별한 전망이나 목적을 갖고 있는 경우에는 특정 구간에서만 위험 회피가 되는 헤지 거래도 다른 거래 조건들과 함께 고려해 선택할 수 있다. 그러므로 전체 구간에서 위험 회피가 되지 않는다는 이유만으로 구조적으로 헤지에 부적합하다고 단정할 수는 없다"는 내용에서 발견된다. 여기서 재판부는 키코가 가격 변동의 일부 구간에서라도 헤지(위험 회피) 기능이 있으므로 헤지 상품으로 인정할 수 있다고 판단하고 있다. 하지만 이러한 판단은 수많은 기업이 위험을 회피하기 위해 키코 계약을 체결했다가 도리어 막대한 손실을 입어 도산했다는 모순적인 사실을 외면한 것이다.

가격 변동 위험은 일부 구간에만 머무는 것이 아니라 전체 구간에 걸쳐 존재하기 때문에, 위험을 없애거나 줄일 수 있는지는 전체 구간을 대상으로 판단해야 한다. 즉 실제로 헤지의 효과가 가격 변동 위험의 일부 구간에만 작용하는 것은 무의미하고, 전체 구간에서 작용할 때만 의미가 있는 것이다. 애초에 회피하고자 하는 위험이 일부 구간에만 존재하는 작은 위험이라면 굳이 보험에 가입할 이유가 있겠는가? 이러한 키코의 근본적인 문제에도 불구하고, 대법원은 일부 구간에서 헤지가 가능하다는 이유를 들어 이를 '부분 헤지partial hedge'로 포섭하고 헤지 거래로 판단하면서 상품의 본질을 호도했다. 대법원의 판단대로 키코가 부분 헤지 상품이라면, 위험을 부분적으로밖에 회피할 수 없는 한계가 있을지언정 그 상품을 구입함으로써 막대한 손실이 발생할 까닭은 없는 것이다.

또 대법원은 키코에 대해, 발생 가능성이 낮은 위험은 기업이 스스로 감수하고 발생 가능성이 높은 위험에 한정해 회피가 가능하도록 설계된 상품이라고 판단했다. 위험을 회피할 수 있는지를 판단하는 데는 발생 가능성도 중요하지만 위험의 크기가 마찬가지로 중요한데, 재판부는 위험의 크기에 대해선 침묵했다. 즉 발생 가능성이 아무리 높더라도 위험의 크기가 작다면 회피할 필요성이 없다고 할 수 있는 것이다. 예컨대 감기는 발생 가능성이 높지만 위험의 크기가 작기 때문에 감기 보험에 별도로 가입하지 않는 것과 같은 이치다. 대법원의 판단을 비유하자면, 키코 계약에서 기업은 발생 가능성이 높지만 작은 위험인 '감기의 위험'에 대해서만 보험 계약을 체결하기로 하고, 발생 가능성이 낮지만 큰 위험인 '암의 위험'에 대해선 무보험으로 스스로 감수하기로 했다는 것이다.

과연 키코가 대법원의 판단대로 이색적이기는 하지만 정상적인 범위에 드는 헤지 상품일까? 키코 자체는 아무 문제가 없는 것일까? 만약 문제가 없는 상품이라면 은행은 유사 상품을 계속 기업들에게 판매할 수 있어야 하는데 키코 판매가 중단된 사실은 어떻게 이해해야 할까? 부분적으로는 키코를 통해 환헤지를 기대했던 많은 수출 기업이 막대한 손실을 경험함으로써 얻은 학습 효과로서, 키코와 유사한 구조의 상품이 환헤지라는 목적에 적합하지 않은 경우가 발생하는 것을 직접 체득했기 때문일 것이다. 대법원의 판단은 위험을 회피하기 위해 보험 계약을 체결했다가 그로 인해 막대한 손실을 입어 기업이 도산했다는 모순적인 사실을 외면한 것인데, 이를 상식을 가진 소박한 시민이 공감할 수 있을까?

요컨대 키코는 전체 구간에 걸친 위험 회피가 가능하지 않은 상품으로서 애초부터 헤지 상품이 될 수 없었다. 이러한 상품의 본질을 간파하지 못하고 감기 보험인 줄 모르고 들었다가 대신 암의 위험을 감수하게 되면서, 결국 수많은 견실한 수출 중소기업이 도산에 이르게 됐다. 이제 대법원은 이 사실을 직면하고, 피해 중소기업들에 상품을 판매한 은행들로부터 적절한 손해배상을 받아낼 길을 가로막아버린 판단의 오류를 지금이라도 바로잡기를 바란다. 더 나아가 검찰 조사를 통해 키코를 판매할 때 은행 측에 사기성이 없었는지 다시 밝혀야 할 것이다.

대법원 전원합의체(주심 박병대) 2013.9.26. 선고 2013다26746(모나미)
2011다53683, 53690(주심 이인복, 수산중공업)
2012다13637(주심 양창수, 삼코)
2012다1146, 1153(주심 박병대, 세신정밀)

2019

2018

2017

2016

2015

어딜 감히 노동자가 파업을 하냐는 꾸짖음

: 2009년 철도노조 파업 손해배상 인정

김수영 변호사(공익인권법재단 공감)

헌법 제33조는 노동자들에게 노동조합을 만들어 교섭에 나서고, 교섭이 잘 풀리지 않으면 단체행동에 나서 사용자를 압박하라고 말한다. 자신의 근로조건을 일방적으로 결정하는 사용자와 교섭을 해야 하는 불평등한 위치에서, 그나마 단체행동이라도 해야 교섭력을 갖출 수 있다는 지극히 평범한 이유에서다. 노동자 단체행동의 전형적인 모습인 파업은, 그래서 헌법이 부추기는 행위다.

그런데 2016년 12월 법원은 한국철도공사가 2009년 철도 파업을 벌인 철도노조와 조합원 200여 명을 상대로 낸 손해배상 청구소송에서, 철도노조의 파업이 불법이라며 사용자의 손해를 배상하라고 판결했다. 어찌 된 일인가. 헌법이 하라는 일을 했을 뿐인데, 왜 불법일까. 궁금한 마음에 판결문을 열어보았다.

전체 75쪽에 달하는 엄청난 양이다. 모두 210명에 달하는 노동자들을 피고 목록에 적는 데에만 17쪽이 쓰였다. 그런데 철도노조의 파업이 불법이라는 판단을 위해서는 달랑 한 쪽 반, 그마저도 핵심은 단 네 줄에 그친다.

"기업의 구조조정 실시는 경영 주체에 의한 고도의 경영상 결단에 속하는 사항으로 단체교섭의 대상이 될 수 없다. 비록 구조조정 실시로 근로자들의 지위나 근로조건의 변경이 필연적으로 수반된다 하더라도, 그 자체를 저지하려는 파업은 정당성을 인정할 수 없다."

한국의 구조조정은 실상 정리해고와 같은 말이다. 한국철도공사의 구조조정 역시 5115명을 정리해고 하겠다는 내용이었다. 그 많은 노동자를 한 번에 해고하겠다는 회사의 방침에 경악한 노동조합이 이를 막아보고자 파업을 했다. 그런데 법원은 이 같은 대규모 해고 결정은 경영자가 고심 끝에 내린 '고도의 결단'이라며, 노동조합 따위가 끼어들 문제가 아니라 한다. 경영자의 '고도의 결단'에 감히 훼방 놓으려 했으니 손해배상을 달게 받으라는 것이다.

파업과 같은 노동쟁의를 규율하는 법률이 노동조합법(노동조합 및 노동관계조정법)이다. 이 법에서 말하는 노동쟁의란 '노사 간에 임금, 근로시간, 복지, 해고 등 근로조건의 결정에 관한 주장의 불일치로 발생한 분쟁 상태'를 말한다. 법은 사용자가 노동쟁의로 손해를 입은 경우라도 근로자에게 손해배상을 청구할 수 없다고 명문으로 규정한다.

임금과 근로시간, 복지도 중요하지만, 노동자의 삶에 가장 중대한 영향을 미치는 것은 해고다. 게다가 특정 노동자 개인의 잘못이 문제가 되어 해고되는 경우도 아니고, 사용자가 경영상의 이유로 대규모

인원을 한꺼번에 '정리'하겠다고 나서는 정리해고라면, 아무 잘못도 없는 노동자들이 해고라는 가장 무거운 책임을 감당해야 한다는 점에서 주장의 불일치가 있을 수밖에 없다. 분쟁 상태, 즉 정리해고를 반대하는 노동쟁의가 당연히 예상된다. 그런데도 정리해고를 저지할 목적으로 한 파업이 불법이라는 것은 이해하기 어렵다.

외국도 정리해고를 반대하는 파업이 불법일까. 이미 1999년에, 경실련 주최로 열린 토론회에서 박석운 당시 한국노동정책연구소장은 "정리해고 반대 파업을 처벌하는 문명국은 하나도 없다"고 단언했다. 학계의 비교법학 연구에 따르면 정리해고 반대 파업을 불법으로 해석하는 국가는 세상 어디에도 없다는 것이다. 우리와 법체계가 비슷하다는 일본도 정리해고 반대 파업을 불법으로 보지 않는다. 심지어 정부의 환경 파괴에 반발해 노동조합이 파업을 벌이는 전형적인 정치 파업도, 그것이 근로조건과 일부 관련이 있는 한 합법으로 인정한다. 파업은 노동자들의 기본권이므로 원칙적으로 정당한 것이고 예외적인 경우에만 불법이 되는 것이다. 외국에서 파업은 어지간해서는 불법으로 판단되지 않는다.

한국은 정반대다. 파업은 어지간하면 불법이고 예외적인 경우에만 합법이 된다. 합법 파업이 되려면, 첫째 근로조건 유지나 개선을 위한 것으로서 그 목적이 정당해야 하고, 둘째 찬반 투표를 거치는 등 절차가 정당해야 하며, 셋째 심지어는 사용자의 재산권과도 조화를 이뤄야 한다. 생산에 되도록 차질이 없도록 최대한 얌전히, 임금 인상 요구나 하는 파업만 허용된다는 뜻이다. 만약 정부 정책에 대해 반대를 하거나 경영자의 정리해고 방침에 대해 반대한다면, 그것이 근로

조건과 아무리 깊은 관련이 있더라도 목적 자체가 정당하지 않다고 본다. 불법행위가 되어 노동조합과 노동자들은 손해배상과 형사책임까지 져야 한다.

철도노조 파업처럼 '정리해고를 반대하는 파업'은 목적부터 불법이라는 판례는 IMF 외환 위기 시절 확립되었다. 1998년 현대자동차 파업에 대해 법원이 "정리해고 자체는 노동조합과의 합의가 필요한 사항이 아니라 경영자의 판단 사항"이라고 하면서, 이른바 '고도의 결단'이라는 논리가 출현한 것이다.

대개 구조조정은 기업 경영이 실패해 어쩔 수 없이 택하는 자구책이다. 경영 실패의 책임은 원칙적으로 경영자가 져야 한다. 그것이 '스스로 구원하기 위한 방책'이라는 의미의 자구책이다. 그런데 우리 기업들은 그 책임을 노동자에게 돌려왔다.

"사정이 어려우니 너희들이 대규모로 나가라. 그 자리는 비정규직으로 채워 비용을 절감한다."

이것이 정부가 1997년 닥친 경제 위기를 타개하는 방법이었고, 그 결과가 오늘날의 '비정규 사회'다. 법원 역시 '정부와 경영자들의 결정에 노동자들이 끼어들 자리는 없다'고 선언하며 비정규 사회를 건설하는 데 함께했다.

노동조합은 현대 기업 경영에 반드시 존재해야 하는 상수로서 사회적 협력과 경영의 파트너여야 한다. 2014년 9월, 국회에서는 '쟁의행위와 민형사 책임'에 대한 토론회가 있었다. 이 자리에 참석한 독일 브레멘 대학교의 한 교수는, 독일 법원과 사용자들이 노동쟁의에 대한 책임을 묻는 행위를 극히 자제하고 있다며 그 이유에 대해 다음과 같이 말했다. 그의 말을 인용하며, 이번 철도 파업에 대한 손해배상 인정 판결이 반복되지 않기 위해 필요한 일, 여론과 사회의 일반적 태도에 대해 곰곰이 생각해본다.

"무엇이 법원과 사용자들을 자제하게 하는 원인인지에 대한 자세한 연구가 필요한가? 형법 규정을 적용하는 것은 명백히 근로자들의 이해에 반한다. 그러나 또한 이는 사용자의 이익에도 반한다.

만약 근로자 대표위원 또는 일반 근로자를 '폭력배 두목'의 경우처럼 한두 달 동안 교도소에 넣는다면 어떤 일이 일어날까? 노동자들 사이에는 커다란 연대감이 형성되고 사용자와 법원에 대한 비난이 신문과 텔레비전에 등장할 것이다. 이러한 상황은 독일 노사 관계의 전형적인 사회적 동반자 관계를 교란한다. 이것은 계급적 양심의 부활에 대한 기여가 아닌가? 그것은 더 두려운 일이 아닐까?

독일의 현행법에서도 불법 파업은 처벌될 수 있다. 그러나 이러한 일이 일어나지 않는 것은 여론과 사회의 일반적인 태도 때문이다."

서울서부지방법원 민사11부(재판장 김행순) 2016.12.1. 선고 2009가합16001 판결

법원의 결정이 역사적인
촛불 집회에 힘을 실어주었다
: 촛불 행진 금지통고에 대한 가처분 결정

이장희 교수(창원대 법학과)

2016년 11월 5일에 이어 11월 12일에는 100만 명이 넘는 국민이 광화문 인근 도심에 모여 박근혜 대통령의 퇴진을 요구했다. 이를 두고 1987년 6월 민주항쟁에 비유해 '2016년 11월 민주항쟁'이라 부르는 이들도 있었다.

이번 국정 농단 사태에 대해 어떻게 법적 평가를 할지를 떠나서 사실 가장 큰 피해자는 국민이다. 이 일로 마음에 큰 상처가 남았기 때문이다. 대통령을 믿고 지지하던 이들은 더욱 크게 놀라고 분노했다. 남녀노소를 불문하고 국민은 다친 마음을 스스로 달래기 위해, 현 상황의 조속한 해결을 촉구하기 위해, 그리고 민주주의와 법치주의라는 헌법 국가의 무너져가는 기둥과 대들보를 손수 붙들기 위해, 추운 날씨에도 촛불을 밝히며 길거리로 나왔던 것이다. 주권자로서 현 시국을 바라보며 내린 정치적 결단이었다. 하지만 안타깝게도 국민들이 입은 상처는 쉽게 회복될 것 같지 않다. 사태의 해결 방법을 두고 우

174

리 헌법상의 제도적 허점까지 그대로 드러나고 있다. 이런 부실함을 메우기 위해서라도 촛불 집회는 계속될 것으로 예상된다.

그런데 역사적인 촛불 집회가 하마터면 경찰의 금지통고로 좌절되거나 반쪽짜리 집회에 그칠 뻔했다. 특히 서울 사직로와 율곡로에서의 집회는 청와대에서 가까운 장소라는 점에서 그간의 관행에 비춰 경찰의 금지통고는 당연히 예상되는 것이기도 했다. 경찰의 금지통고와 조건통보 처분에 대해 민중총궐기투쟁본부는 법원에 처분의 효력을 정지해달라는 집행정지 가처분을 신청했다. 서울행정법원은 11월 5일 그리고 11월 12일 각각의 집회에 관한 경찰 처분에 대해 집행정지 결정을 내렸다. 그 덕분에 역대 최대 규모를 기록한 촛불 집회는 평화적으로 또 안전하게 진행될 수 있었다. 이 기회에 경찰도 경찰답게 집회의 질서와 안전을 책임지는 모습을 보여주었다

법원이 경찰의 금지통고에 대해 집행정지를 결정한 판단 이유는 대체로 다음과 같이 요약된다. 첫째 대한민국은 민주주의 국가이고, 헌법상 보장된 기본권인 집회의 자유는 바로 민주주의를 구성하는 근본 요소라는 점을 새삼 확인했다. 둘째 집시법(집회와 시위에 관한 법률)상 집회에 대한 제한은 헌법에서 보장한 민주주의와 기본권의 취지에 따라 해석돼야 한다는 것이다. 더구나 특정 이익집단에 의해 주도되는 집회가 아니라, 현 상황에서 "다수의 국민들이 스스로 의사를 표현하기 위해 자발적으로 집회에 참여하고 있는 이상 집시법을 엄격히 해석할 것이 아니고 오히려 이 사건 집회를 조건 없이 허용하는 것이 민주주의 국가임을 스스로 증명하는 것"이라고 판시했다. 또

집회의 자유가 금지될 경우(즉 과도히 제한될 경우) 결국 표현의 자유가 위축될 수 있다고 했다. 셋째 대통령의 국정 운영에 대한 우려에서 비롯한 기존의 집회들이 평화적이었고 또 성숙한 시민의식을 보여줬다는 점에서 적절한 질서 유지 방법을 마련하고 있는 이번 집회 역시 그러할 것이라 예상할 수 있다고 했다. 넷째 현 상황에서 주요 도로에서의 집회의 자유를 보장하는 것과 교통 소통상의 불편 사이의 법익을 비교했을 때, 집회의 자유를 제한하는 것은 과잉 금지 원칙(비례성 원칙)에 반한다는 것이다. 즉 집회로 인해 다소 교통 불편이 발생할 수 있겠으나 이는 국민들이 수인할 수 있는 정도의 것이고 또 교통을 위한 우회로가 없는 것도 아니라고 했다.

특히 11월 12일 서울행정법원 6부의 집행정지 결정에서 밝히고 있듯이 "대통령에게 국민의 목소리를 전달하고자 하는 이 사건 집회의 특수한 목적상, 사직로와 율곡로가 집회와 행진의 장소로서 갖는 의미가 과거 다른 집회와 현저히 다르다"고 하면서, 사직로와 율곡로에서의 행진을 전면 제한하는 것은 집회의 자유를 과도히 제한하는 것이라고 보았다.

요컨대 법원은 국정 농단 사태로 분노하고 상처 입은 국민들이 책임 당사자인 대통령을 향해 자신들의 의사와 목소리를 전달하려 행동한 것이 바로 이번 집회와 행진이라고 이해한 것이다. 그리고 이번 집회가 민주주의의 근본 요소인 집회의 자유의 측면에서 보장될 뿐 아니라, 법치국가의 비례성 관점에서 보더라도 엄중한 시국에 단순히 교통 소통이라는 공익과는 비교할 수 없을 만큼 중요하다고 보았다. 그래서 만약 경찰이 집시법 제12조에서 규정한 '주요 도로에서의 교통 소통'을 이유로 집회와 행진을 금지한다면 기본권을 과도히 제한하는 것이고 당장 국민들에게 회복하기 어려운 손해가 발생할 우려가 있다고 본 것이다.

만약 법원의 결정이 없었다면 어땠을까? 아마도 집시법 제12조에 따라 내려진 경찰의 금지처분은 계속 유효하게 집행되었을 것이고, 그 결과 불법 집회라며 해산시키려는 경찰과 100만 국민이 대치하고 충돌하는 불행한 일이 발생했을지도 모른다. 거기서 국민은 다시 한번 깊은 상처를 입고, 민주주의 회복과 헌법 수호를 위한 열망은 좌절했을 것이다.

이번 법원 결정의 의미를 찾는다면, 우선 역사적인 촛불 집회에 합법적 근거를 마련한 점을 들 수 있다. 또 대통령에게 국민적 의사를 전달하기 위해 청와대와 가까운 율곡로와 사직로에서 일정한 조건하에 집회와 행진을 할 수 있다는 선례를 남겼다는 점도 의미가 크다. 표현 수단으로서 집회가 최소한이나마 의미와 기능을 가지려면 '보일 수 있고, 들릴 수 있는 거리에서' 집회가 개최돼야 한다는 점이 여기에 내포되었다고 본다.

한 가지를 더 강조해본다면, 바로 법원의 결정 덕분에 많은 국민들이 더욱 자유롭고 평화롭게 집회에 참여해 자신의 의사와 감정을 적극 표출할 수 있었다는 점이다. 초유의 국정 농단 사태를 목도하면서 대의제의 한계에 막혀 그저 답답한 마음에 가슴만 치던 국민들이 그나마 거리로 나와 자유로이 자신의 의견을 개진하고 울분을 토해낼 수 있었다. 그렇게 국민들이 울분을 자유로이 토해낼 수 있는 만큼 국가 공동체는 안정적으로 유지되고 발전할 수 있다. 물론 이 일을 마무리하고 국민의 상처를 치유하는 일은 국정 농단의 책임자들에게 법적, 정치적 책임을 묻는 것이겠지만 말이다.

이번 결정을 계기로 집시법 제12조에 대한 문제점도 확인할 수 있었다. 집시법 제12조는 경찰이 주요 도시의 주요 도로에서 집회와 시위에 대해 교통 소통을 위해 '필요하다고 인정하면 이를 금지하거나' 교통질서 유지를 위한 조건을 붙여 제한할 수 있지만, 주최자가 질서 유지인을 두고 도로를 행진하는 경우에는 금지할 수 없다고 하면서도, 다시금 해당 도로와 주변 도로의 교통 소통에 장애를 발생시켜 심각한 교통 불편을 줄 '우려가 있으면 금지할 수 있다'고 규정하고 있다. 집회와 교통 소통이 서로 조화를 이루고 양립할 수 있는 방안이 있는데도 경찰이 일방적으로 필요하다거나 우려가 있다고 인정하면 집회 자체를 전면 금지할 수 있다는 가능성을 열어둔 것이다. 국민들로서는 경찰이 금지통고를 할 때마다 매번 마음 졸이며 법원의 가처분 결정을 통해 집회의 자유를 '회복'받아야 하는 상황인 것이다. 이는 집회의 자유가 원칙이고 집회에 대한 허가제를 금지한 헌법 제21조의 태도와 맞지 않다. 앞으로 집회의 자유와 교통 소통의 이익 간에 실질적인 균형과 조화를 이룰 수 있도록 집시법 제12조를 합리적으로 개정할 필요가 있다.

서울행정법원 4부(재판장 김국현) 2016.11.5. 선고 2016아12248 결정
서울행정법원 6부(재판장 김정숙) 2016.11.12. 선고 2016아12308 결정

2016년 11월 촛불 집회와 행진. 사진 퇴진행동

'이젠 날 꺼내줘요',
보호의무자에 의한 정신병원 강제 입원은 위헌

: 정신보건법상 '정신병원 강제 입원' 헌법불합치

김예원 변호사(장애인권법센터)

2013년 SBS 프로그램 '그것이 알고 싶다'는 거액의 위자료가 걸린 이혼 소송 중 전 남편 측에 의해 정신병원에 강제 입원된 한 여성의 이야기를 방영했습니다. 2016년 봄 개봉된 영화 '날, 보러 와요'도 누군가에 의해 대낮에 도심 한복판에서 납치돼 정신병원에 강제 입원된 뒤 탈출하기 위해 고군분투하는 한 여성의 실화를 배경으로 하고 있습니다.

정신병원에 강제로 입원시키는 일이 불법 아니냐고요? 1995년 정신보건법에 도입된 조항 '보호의무자에 의한 입원'에 대해 2016년 헌법재판소에서 위헌이라고 판단하기 전까지 20년 넘는 기간 동안 합법적으로 행해진 일이었습니다.

합법이기는 해도 이렇게 끔찍한 일이 실제 현실에서는 거의 일어나지 않았을 것이라고요? 아닙니다. 2010년부터 2015년까지 국가인권위원회에 접수된 정신보건 시설 관련 인권 침해 진정 사건은 1만여 건(해당 기간 전체 진정 사건 중 18.5퍼센트)이었고, 2013년 정신보건 통계 현황에 따르면 국내 정신보건 시설에 수용된 총 8만 462명 중 '보호의무자에 의한 입원 제도'를 거친 경우가 무려 73.1퍼센트였습니다.

보호의무자가 대체 어떤 존재이기에 강제 입원이 이토록 많이 이뤄지고 있을까요? 정신보건법상 보호의무자는 '민법상의 부양의무자' 또는 '후견인'을 말합니다. 부양의무자는 직계혈족과 그 배우자, 생계를 같이 하는 친족(배우자, 혈족, 인척)을 뜻합니다. 부모와 자녀, 남편과 아내는 서로 떨어져 살더라도 부양의무자에 해당합니다. 삼촌이나 외숙모, 시누이, 처형이라도 한집에 같이 살고 있다면 모두 마찬가지로 해당합니다. 부양의무자나 후견인이 없는 경우 정신 질환자가 사는 곳의 시장·군수·구청장이 보호의무자가 됩니다.

한번 정신병원에 '입원'하게 되면 외출이 자유롭지 못한 것은 물론이고, 약물을 투여받고, 격리방(감금방)이라는 곳에서 제압복(체포복)을 입거나 테이프에 꽁꽁 묶인 채 몇 시간씩 지내기도 합니다. 따라서 입원은 치료를 받고 싶어 하는 사람의 자의가 기본 전제가 되어야 합니다.

그럼에도 정신보건법에는 환자의 자의를 불문하고 입원시키는 제도가 총 3개나 규정되어 있습니다. 보호의무자 2명(또는 한 명)이 동의하고 정신건강의학과 전문의가 입원이 필요하다는 소견을 내면 가능하고(제24조), 시장·군수·구청장이 정신건강의학과 전문의의 보호 신청을 받고 전문의의 진단을 거치면 가능하고(제25조), 정신 질환자로 추정되는 자가 자신이나 타인을 해할 위험이 커 보일 때 그 자를 발견한 사람이 의사와 경찰관의 동의를 얻으면 가능합니다(제26조).

정신의료 기관은 환자를 받는 대로 국가에서 의료 보장 급여(의료급여나 건강보험)를 받기에, 정신병원에 입원한 환자 수는 의료 기관의 수익과 직결됩니다. 2014년 '정신장애인 지역사회통합 지원방안' 연구에 의하면 정신 요양 시설 입소자의 대부분이 의료급여 대상자였습니다. 정신의료 기관이나 정신 요양 시설의 입원 환자 수가 줄어들면 해당 기관이나 시설의 수익이 줄어드는 구조에서, 과연 피고용인인 전문의가 입원을 원하지 않는 환자의 마음을 볼 수 있을까요?

헌법재판소는 이러한 현실을 고려해 '보호의무자에 의한 입원 제도'가 신체의 자유를 침해한 것으로 위헌이라고 판단했습니다. 위헌 결정은 헌법재판관 전원의 일치된 의견이었음에도, 즉시 결정의 효력이 발생하는 단순위헌 결정이 아닌 헌법불합치 결정으로 내려졌습니다. 갑자기 관련 조항이 위헌이 될 경우 병원에 입원해 있는 정신질환자들의 입원 근거가 없어질 수 있으므로 법적 공백 상태를 최소화하겠다는 조치이죠.

헌법 제12조에서 말하는 신체의 자유는 '신체의 안전성이 외부의 물리적인 힘이나 정신적인 위험으로부터 침해되지 아니할 자유와 신체 활동을 임의적이고 자율적으로 할 수 있는 자유'를 말합니다. 보호의무자에 의해 정신병원에 강제 입원하게 되면, 일단 6개월 안에는 퇴원하지 못했고, 이후 법이 정한 갱신 절차에 따라 6개월을 넘어 계속 입원한 일도 있었습니다.

　헌법재판소는 이 제도가 정신 질환자를 신속히 치료하고 사회 안전을 위한 것이므로 입법 목적이 정당하고 수단도 적절하다고 보았습니다. 하지만 네 가지 이유로 침해의 최소성, 법익의 균형성을 잃은 위헌적인 제도라고 판단했습니다. 첫째 입원 형태가 실제로는 인신 구속에 버금가는 수준임에도 전문의 한 사람의 판단에 따라 정신 질환자의 의사에 반하는 입원을 할 수 있게 하는 점, 둘째 현실에서 재산을 빼앗거나 경제적 이익을 얻으려는 목적으로 남용될 가능성이 큼에도 보호의무자와 정신 질환자 간의 이해 충돌을 확인할 수 있는 절차가 전혀 없는 점, 셋째 다른 입원 제도에 비해 입원 기간이 너무 길어 격리할 목적으로 악용될 소지가 높은 점, 넷째 아무런 사전 보호 절차 없이 일단 인신 구속을 하고 입원시킨 후에야 사후 통지를 하는 등 절차적 합법성이 매우 부족한 점을 고려했습니다.

　이번 결정에서 아쉬운 점도 있습니다. 정신 질환자의 자기결정권,

인간의 존엄성과 행복 추구권에서 비롯되는 인격권, 정신 질환자의 법적 능력과 관련한 평등권에 대해 구체적인 결정 내용이 없기 때문입니다. '자기 결정'은 사적인 사안에 대해 공권력의 간섭을 받지 않고 스스로 결정하는 것을 의미합니다. 입원은 많은 침습 행위가 예정돼 있는 의료 행위이죠. 그런데 이 제도에 따르면 입원하는 사람에게 입원에 대해 충분한 설명을 하지 않고 동의 여부를 묻지 않는 것이니 자기결정권을 제한하게 됩니다. 또 장애인권리협약 제12조는 장애인의 법적 능력을 비장애인과 동등하게 인정하도록 하고 있는데, 이 제도에 따르면 비장애인인 보호의무자와 의학 전문가가 정신 질환자의 법적 능력을 배제하고 강제 입원시키는 것이니 평등권을 침해하게 됩니다. 이런 세세한 언급도 결정문에 있었더라면 더 좋았을 것 같습니다.

그럼에도 이번 결정은 '정신 질환자'라는 명확하지 않은 법적 개념과 '전문의의 재량'이라는 모호함이 맞물려 벌어지던 비극적인 강제 입원을 막는 큰 걸음입니다. 따라서 그 의미만으로도 크게 환영받아 마땅합니다. 어떤 이는 이번 결정이 강제적인 치료가 필요한 정신 질환자가 적절한 치료를 받을 수 있는 길을 막았다고도 하나, 환자의 자의를 불문하고 입원시키는 나머지 2개 입원 제도(지방자치단체장에 의한 입원과 응급 입원)는 아직 남아 있습니다. 2016년 5월 정신보건법이 정신건강복지법(정신건강증진 및 정신질환자 복지서비스 지원에 관한 법률)으로 전부 개정되었으니, 남은 제도들도 개정 취지에 따라 차차 정비돼야 하겠지요. 이번 헌법불합치 결정을 통해 정신 질환자에 대한 막연한 혐오가 없어지고, 정신보건을 사회 방위적인 수단으로 여기는 낡은 시각이 개선되기를 기대합니다.

헌법재판소 2016.9.29. 선고 2014헌가9 결정

'사장님'이 된 1만 3000명

: '야쿠르트 아줌마'의 노동자 지위 불인정

최종연 변호사(법률사무소 일과사람)

그 어느 때보다도 무더웠던 2016년 여름 인기를 끌었던 제품 중에는 한국야쿠르트가 출시한 병커피 '콜드 브루'가 있었습니다. 신선함을 중시한 데다 맛도 좋고 가격도 합리적이었습니다. 일반 편의점에서는 팔지 않아서 어렵게 구했다며 '인증샷'을 SNS에 올릴 정도로 화제가 되었던 제품입니다. 그런데 콜드 브루를 실제 판매하는, 소위 '야쿠르트 아줌마'라 불리는 위탁판매원이 근로기준법상 근로자가 아니라는 판결이 대법원에서 선고되었습니다.

판결 직후 "앞으로는 야쿠르트 아줌마가 아니라 야쿠르트 사장님이라고 불러야겠다"는 등 판결을 납득하지 못하겠다는 반응이 터져 나왔습니다. 이번 판결은 사실 너무도 오래 반복돼온 '근로자성 인정'에 관한 법적 공방의 연장에 지나지 않습니다. 야쿠르트 위탁판매원이 근로자가 맞는지 아닌지는 어떤 경우에 문제가 될까요?

어떤 사람이 법률상 '근로자'로 인정받는다면 근로기준법 등 여러 법률에 규정돼 있는 각종 수당과 근로시간 제한, 퇴직금 등이 법적으로 보상됩니다. 그런데 현재 한국 사회에는 골프장 캐디, 택배 기사(지입 차주), 검침원, 방문판매 영업 사원, 채권 추심원, 보험 설계사 등 200만여 명으로 추산되는 소위 '특수 고용형태 종사자'가 있습니다. 이들이 법적인 보호를 받고자 통상임금 소송*이나 퇴직금 청구, 해고 무효, 산재 인정 소송 등을 제기할 때 그 전제가 되는 근로자성이 문제가 되는 것입니다.

사실 대법원이 근로자성을 판단하는 기준을 세워놓은 지는 꽤 오래되었습니다(대법원 94다22859 판결 등). 다만 그 기준에 복잡하고 모호한 점이 있습니다. 가장 중요한 원칙은 계약 형식이나 명칭의 문제가 아니라, '근로 제공 관계의 실질이 근로 제공자가 사업 또는 사업장에 임금을 목적으로 종속적 관계에서 사용자에게 근로를 제공했는지'에 따라 판단해야 한다는 것입니다.

'종속적 관계'인지를 판단하려면, 첫째 업무 내용을 사용자가 정하고 사내 규정을 적용하며 업무 수행 과정에서 사용자가 상당한 지휘·감독을 하는지, 둘째 사용자가 근무시간과 장소를 지정하고 근로 제공자가 거기에 구속을 받는지, 셋째 근로 제공자가 스스로 비품과 원자재, 작업 도구를 소유하거나 제삼자를 고용하는 등 독립해 자신의 계산으로 사업을 영위할 수 있는지, 넷째 이윤과 손실의 위험을 스스로 부담하는지, 다섯째 보수의 성격이 근로 자체의 대상적 성격

---

* 각종 법정 수당(초과 근로, 해고 예고, 연차 근로, 생리 수당 등)을 계산하는 기준인데, 기본급만을 기준 삼아 축소 지급하는 경우 미지급된 수당을 추가로 지급하라는 형태의 소송입니다.

인지, 여섯째 기본급이나 고정급이 있고 근로소득세를 원천징수 하는지, 일곱째 근로 제공 관계의 계속성과 사용자에 대한 전속성이 있는지, 있다면 어느 정도인지, 여덟째 사회보장제도 관련 법률에서 근로자성을 인정받는지 등을 종합해봐야 합니다.

다만 대법원은 이러한 요건 중 여섯째(기본급과 고정급 유무)와 여덟째(사회보장 관련 법률 적용 여부)는 사용자가 경제적으로 우월한 지위를 이용해 임의로 정할 여지가 크다는 점에서 충족하지 않아도 근로자성을 쉽게 부정할 수는 없다고 덧붙였습니다(대법원 2006.12.7. 선고 2004다29736 판결, 대법원 2015.7.9. 선고 2012다20550 판결).

문제는 특수 고용형태 종사자의 근로 형태가 너무나 다양하기 때문에 이러한 요건을 모두 충족하지 못할 수 있고, 요건 자체도 보기에 따라 모호할 수 있다는 점입니다. 법원이 첫 번째로 꼽는 요건인 '상당한 지휘·감독'이 대표적인 사례입니다. 사용자가 어느 정도로 지휘·명령을 내려야 '상당하다'고 볼 수 있는지 그 횟수나 방식을 정한 것이 아니므로, 당사자는 수행하는 업무의 특성에 따라 상당한 지휘와 감독을 받았다고 주장할 여지가 생깁니다. 또 실제 당사자는 자신이 근로자성을 인정받는 데 필요한 요건을 충족한다는 증거를 마련해 법원에 제출할 '입증 책임'까지 져야 합니다.

야쿠르트 위탁판매원 사건에서는 어떤 문제가 제기됐는지 살펴보겠습니다. 원고(판매원)는 2002년부터 2014년까지 한국야쿠르트와 위탁판매 계약을 맺은 상태에서 아침 8시 이전에 관리점에 출근했다가 오후 4시까지 판매 활동을 했습니다. 계산은 당일 고객에게 받은 돈은 모두 회사에 제출하고 판매한 제품 수량에 따라 수수료를 지급받는 방식이었습니다. 원고는 사회보험료를 내지 않았지만 회사가 적립형 보험의 보험료와 상조 회비 일부를 지원했고, 근무복을 주고 근무 연수에 따라 해외 연수를 받을 기회를 제공했으며, 매달 두 차례 신제품 및 판촉 프로그램 교육도 실시했습니다.

법원은 이러한 근무 형태를 가진 야쿠르트 위탁판매원에 대해 회사의 '상당한 지휘·감독'을 받지 않았다고 보았습니다. 판매 업무를 하는 동안 근무 품목과 수량, 근무 시간과 장소를 원고 스스로 정했고 따로 회사가 관리하지 않았다는 것입니다. 또 회사가 근무복을 제공하고 보험료와 상조 회비를 지원한 것도 "판매 활동을 장려하기 위한 배려 차원"이고, 회사가 실시한 교육도 "최소한의 업무 안내 및 판촉 활동에 대한 독려"라고 보았습니다. 원고는 회사가 관리점 안 게시판에 일정표를 부착하는 방식으로 업무 지시를 했고 고객 관리와 영업 활동 지침에 관한 서약서를 쓰게 했다고 주장했지만, 법원은 "(회사와 맺은) 위탁판매 계약상 의무를 주지시키는 것에 불과"하다고 보았습니다. 결국 원고는 이와 같은 이유로 1심, 2심에 이어 대법원에서도 패소했습니다.

법원은 실제 야쿠르트 위탁판매원이 근무하는 현실에 근거해 판단했다고 하지만, 조금만 달리 보면 불합리한 측면이 있습니다. 야쿠르트 위탁판매원이 야쿠르트를 팔면서 다른 회사의 빵이나 과자도 같이 판매할 수 있을까요? 또 지정된 배달 순서를 미루거나 구역을 벗어나고, 다른 사람에게 배달을 시킬 수 있을까요? 이런 일은 모두 회사와의 '계약'에 위반되는 행위일 것입니다. 이는 위탁판매원이 회사에 상당한 정도로 종속되어 있음을 보여줍니다.

회사는 판매원을 정식 채용하는 대신 위탁판매 계약을 맺어 유제품 등을 판매하게 한 결과, 전국 1만 3000여 명의 판매원에게 고정적으로 지출할 월급과 각종 수당, 퇴직금 적립금을 절약하고 근로자 관리에 따른 부담도 덜 수 있었습니다. 단순히 요약하면 장사가 잘되면 수수료를 더 주고, 요구르트가 안 팔리면 수수료를 덜 주면 그만인 셈입니다.

그럼, 다른 특수 고용형태 종사자의 경우는 근로자로 인정받았을까요? 신용정보 업체와 위탁계약을 맺고 일하는 채권 추심원들에 대해 법원은 위탁계약의 내용상 "취업규칙을 대신하는 내용이 많고, 징계해고나 정리해고에 해당하는 내용도 있다"라는 이유를 들어 근로자성을 인정했습니다(대법원 2010.4.15. 선고 2009다99396 판결). 판결 이후 업체들이 계약서 내용을 바꾸었지만, 2015년 대법원은 계약서를 섞어 쓰는 등 계약 자체에 큰 의미가 없었다고 보고 채권 추심원에게 근로자성이 있다고 봤습니다(대법원 2015.7.9. 선고 2012다20550 판결). 커플 매니저가 기본 월급 없이 성과 수당과 성혼 사례비만 받으며 근무했지만, 이를 성과급 성격으로 보고 근로의 종속성을 인정한 하급심 판례도 최근 나왔습니다. 몇 년 전에는 한국전력공사에서 검침과 요금청구서 송달, 단전·송전 업무를 위탁받은 전기 검침원에 대해 근로자로 봐야 하니 퇴직금을 지급하라는 판결도 선고됐습니다(대법원 2014.11.13. 선고 2013다77805 판결). 이때 법원이 든 중요한 이유는 전기 검침 업무는 회사의 핵심 업무로서 매일 업무 보고를 받았고, 회사가 정해주는 담당 구역에서 일을 했으며, 손해와 이익을 스스로 부담할 수 없었다는 점 등입니다.

하지만 이렇게 근로자성을 인정받은 경우는 정말 극소수입니다. 골프장 경기 보조원, 소위 '캐디'는 2002년부터 거듭된 소송에도 불구하고 근로기준법상 근로자성을 인정받지 못하다가(대법원 2014.3.27. 선고 2013다79443 판결 등), 노동조합법상 근로자에는 해당한다는 방향으로 법원의 판단이 확립되고 있습니다(대법원 2014.2.13. 선고 2011다78804 판결). 배달 대행업체 기사로 일하던 고등학생이 무단 횡단을 하던 보행자와 충돌해 척수를 다쳐 산업재해 신청을 한 사건에서도, 배달 여부와 배달 회사를 기사가 선택할 수 있고 회사가 근태 관리를 하지 않았다는 이유로 근로자성을 부정한 판결이 나왔습니다(서울고등법원 2016.8.12. 선고 2015누61216 판결). 그 외에도 근로자성을 부정한 판결은 수없이 많습니다.

야쿠르트 위탁판매원을 비롯한 특수 고용형태 종사자들이 '근로자'로 인정받으려면 물론 증거를 모아 소송을 제기하는 것도 중요할 것입니다. 이번 대법원 판결은 야쿠르트 위탁판매원을 비롯한 위탁판매원이 영원히 근로자로 인정받을 수 없다는 뜻이 아니며, 고용 종속성에 관한 새로운 증거를 모아 가면 법원은 새로이 판단할 수 있습니다. 그러나 회사 입장에서는 각종 지시 내용과 공문, 교육을 없애고 위탁계약을 변경해 성과에 따른 보수 지급을 강화하는 등 근로자성의 증거를 더욱 치밀히 약화해나갈 겁니다. 이른바 선행 판결의 학습효과입니다. 그래서 혼자 대응하기보다는 비정규 종사자를 대상으로 조직하는 노동조합에 가입해 함께 대응하는 방법을 고려할 필요가 있습니다. 자신의 친구나 친척도 특수 고용형태 종사자가 될 수 있음을 실감하고 입법 대책을 공론화하는 데 목소리를 보태는 시민들의 작은 관심도 실질적인 변화에 디딤돌이 될 것입니다.

대법원 3부(주심 박보영) 2016.8.24. 선고 2015다253986 판결

참을 수 없는 판결의 가벼움,
신생아가 직접 산재보험을 청구하라고?

: 제주의료원 간호사 산업재해 불인정

조영관 변호사(법무법인 덕수)

독일 법학자 게오르크 옐리네크는 "법은 최소한의 도덕"이라고 했다. 상식적으로 생각해 마땅히 지켜야 하는 원칙 중 최소한을 법이라는 이름으로 강제한다는 뜻이다. 세상 모든 일을 빠짐없이 법으로 정해둘 수는 없다. 뒤집어 생각해보면 법이 미처 정하지 못한 공백은 사회 구성원들이 마땅히 지켜야 하는 상식적 원칙에 따라 메워야 하는 것이다. 특히 법의 흠결로 사회적 약자의 인권이 침해되는 경우 그 필요성은 더욱 커진다.

우리 헌법은 '법관은 헌법과 법률에 의해 그 양심에 따라 독립해 심판'(제103조) 하도록 하고 있다. 가장 정제된 법 규범에 의해, 가장 논리적인 판단을 해야 하는 법관에게 '양심'이라는 뜨거운 명령을 따라야 한다고 정한 이유를 가벼이 넘겨서는 안 된다. 양심에 따라 심판하는 것은 법관의 권리이자 의무인 것이다.

아쉽게도 법원은 사회적 약자를 위한 법 해석에 매우 소극적이다.

강자의 기득권을 지키는 판결에서는 무슨 뜻인지 분명히 정의되지 않는 추상적 개념(신의 성실, 사회 통념상 합리성, 관습 헌법)이 자주 사용되는 것과는 대조적이다. 또 형식적 법 논리에 매여 정작 중요한 원칙은 외면하는 경우가 많다. 요즘 유행어에 빗대면, '뭣이 중헌지' 전혀 모르는 모양새다. 이번에 소개하려는 판결도 이와 다르지 않다.

만약 임신 중인 여성 노동자가 일터에서 일하다 업무상 유해 요소에 노출되었고 이로 인해 태아가 유산됐다면 업무상 재해가 인정되어 산재보험의 적용 대상이 된다. 그런데 만약 태아가 포태 중 사망하지 않고 선천성 질환을 갖고 태어난 경우라면 어떨까? 태아에게 발생한 질환이 출생 이후의 요인에 의한 후천적 질병이 아닌 선천성 질환이 분명하고, 발병 요인도 포태 중 업무상 유해 요인에 의한 것임이 의학적으로 분명하다면 태아의 선천적 질환 역시 업무상 재해에 준해 치료해야 하는 것이 당연하지 않을까?

사안은 이렇다. 2009년 제주의료원 소속 간호사들 중 15명이 임신을 했는데, 그중 5명은 유산을 했고 4명은 선천성 심장 질환이 있는 아이를 출산했다. 결국 간호사의 근로 여건과 작업환경이 노사 간 쟁점이 됐고, 제주의료원은 2011년 노사 합의로 서울대 산학협력단에 역학조사를 의뢰했다. 역학조사 결과 "선천성 심장 질환의 발병 원인과 메커니즘이 의학적, 자연과학적으로 명백히 밝혀지지 않았다 하더라도, 제주의료원에서 임신 중에 근무하면서 업무상 과로와 스트레스, 주야간 교대 근무, 임산부와 태아에게 유해한 약물 등과 같은 작업환경상의 유해 요소들에 일정 기간 지속적·복합적으로 노출된

후 선천성 심장 질환이 있는 아이를 출산했으므로, 이러한 선천성 심장 질환 발병과 업무 사이에는 상당 인과관계가 있다고 넉넉히 추단할 수 있다"고 하여 업무상 인과관계가 인정되었다. 곧 해당 근로자들이 근로복지공단에 산업재해 신청을 냈다.

1심 법원은 업무에 기인한 태아의 건강 손상도 산재보험의 대상이 되는 업무상 재해에 해당한다고 판단했으나, 항소심 법원은 이를 뒤집고 원고들의 청구를 모두 기각했다.

항소심 법원은 산재보험은 "근로자 본인의 질병"에 적용되고 있으므로 근로자의 자녀에게 발생한 선천성 질병은 해당하지 않는다고 판단했다. 더 나아가 판결문에서 "출산 이후에는 어머니가 아닌 출산아가 지닌 선천성 질병으로 바뀌므로 그 업무상 재해는 원고(어머니)들과는 독립된 법인격체인 원고들의 자녀에 대한 질병"이라고 판단했다. 또 "출산을 거쳐 모체와 출산아가 분리되는 이상 그 질병은 출산아가 지닌 것"이므로, "산재보험법이 업무상 사유로 부상을 당하거나 질병에 걸린 근로자가 요양급여를 청구할 수 있다고 정하고 있는 이상 원고들이 아닌 자녀(신생아)에게 보험 급여의 수급권이 인정될 수 있다는 것으로 해석"되므로 원고들에게는 수급권이 인정되지 않는다고 했다.

엄마 뱃속에서 태아로 있을 때는 근로자의 업무상 재해로 인정되는 질병이, 살아서 태어난 이후에는 독립된 법인격체인 신생아의 선천성 질병으로 바뀐다는 해석도 기괴하고 소름이 돋지만, 산재보험의 수급권이 신생아에게 있을 뿐 근로자인 산모에게는 없으니 청구를 기각한다는 대목에서는 그 논리의 가벼움에 부끄러워 더 이상 읽을 수가 없다. 태아가 산재보험을 청구하면 근로자가 아니라서 인정할 수 없다고 할 텐데…. 앞으로 임신한 여성 노동자는 출산을 앞두고 태아 이름으로 산재보험에 가입이라도 해야 한다는 것인가? 선천성 질환이라는 상처를 온몸으로 꺼안고 태어난 것이 무슨 잘못이기에 공적 보호를 배제하겠다는 것인가? 산재보험 제도가 정말 그런 것인가?

'국가는 모성의 보호를 위해 노력해야 한다'(헌법 제36조 2항). 헌법이 모성권 보호를 국가의 의무로 규정하는 이유는 임신과 출산, 양육이라는 재생산 과정 없이는 공동체가 존속할 수 없기 때문이다. 임신과 출산, 양육에 필요한 보호를 개인에게 전가하지 않고 공공 영역에서 마련해야 함을 의미한다. 또 헌법은 '여자의 근로는 특별한 보호를 받는다'(제32조 4항)고 선언하고 있는데, 이는 임신과 출산 과정에서 발생하는 업무상 유해 요소로부터 여성과 태아가 충분한 보호를 받아야 함을 뜻한다.

하지만 모성 보호와 여성 근로에 대한 특별한 보호를 천명하는 헌법 규정에도 불구하고, 근로자의 업무상 재해를 신속하고 공정히 보상하기 위해 제정된 산재보험법에는 임신 중인 여성 근로자에 대한 내용이 전혀 마련되어 있지 않다. 현대 산업보건학계에서는 유산이나 불임, 2세의 선천성 질환 같은 생식 보건의 문제가 쟁점이 되고 있다. 생식 독성을 일으키는 화학물질을 취급하는 사업장이 적지 않을뿐더러, 다양한 분야의 산업 현장에 만연한 교대 근무제가 노동자의 생식기능에 나쁜 영향을 미친다는 연구도 많다. 즉 생식 보건의 문제

는 우리 모두가 능히 예상할 수 있는 '안전 보건상의 위험'에 해당하는데도, 현행 산재보험 제도는 그 위험에 적절히 대비하고 있지 않다. 특히 '2세의 선천성 질환' 문제에 대해선 사실상 아무런 대책이 없다. 매우 중대한 제도적 불비이고 입법의 흠결이다. 그렇다고 해서 모두 우리 법원처럼 형식적 해석을 하지는 않았다.

독일의 경우가 좋은 예다. 독일 연방헌법재판소는 여성 노동자가 임신 중에 태아에게 업무에 기인한 건강 손상이 생기고 결국 선천성 장애아가 출생한 사건에서, "산재보험에서 보험사고란 다음 각 호와 같다. 1. 업무상의 사유로 근로자에게 발생한 재해 (…)"라고만 규정하는 당시의 독일제국보험법(RVO) 제539조 1항을 해석하고 적용하면서 장애아를 산재보험 급여 지급 대상에서 제외하는 것은, 독일기본법 제20조 1항의 사회국가 원리를 구현하는 과정에서 '본성상 단일체natürliche Einheit'인 임신한 여성 근로자와 태아를 합리적 근거 없이 차별하는 것이어서, 독일기본법 제3조 1항의 평등의 원칙에 위반되므로 허용되지 않는다고 위헌 결정을 했다. 1977년에 있었던 판결이다.

이후 입법부는 연방헌법재판소 결정의 취지를 반영해, 독일 사회법전Sozialgesetzbuch 제7권 12조에서 "임신 중인 모의 보험사고로 인한 태아의 건강 손상도 보험사고에 해당하며, 그러한 한도 내에서 태아는 피보험자와 동일하다. 업무상 질병의 경우에 일반적으로 모에게 업무상 질병을 야기할 수 있을 정도의 유해 요소로 인해 태아에게 건강 손상이 발생했다면 (비록 모에게는 업무상 질병이 발생하지 않았다 하더라도) 이는 보험사고로 본다"라고 규정했다. 임신한 여성 노동자의 업무에 따른 태아의 건강 손상에 대한 명문의 규정이 없기는 마찬가지인데, 40년 가까운 시간을 사이에 두고 두 나라 법원이 상반된 모습을 보인 것은 많은 생각을 하게 한다.

산재보험 제도의 목적은 "작업장에서 발생할 수 있는 '안전 보건상의 위험'을 사용자나 근로자 어느 일방에게만 전가하는 것이 아니라 공적 보험을 통해 산업과 사회 전체가 이를 분담토록 하는 것"(서울행정법원 2014.11.7. 선고 2011구단8751 판결 등)이다. 원고들의 자녀가 심장 질환을 갖고 태어난 것은 제주의료원에서 발생한 안전 보건상의 위험에 해당한다. 그러므로 그런 위험을 사용자나 근로자 어느 일방에게 전가하지 않고 공적 보험을 통해 산업과 사회 전체가 분담토록 하는 것이 산재보험 제도의 목적에 충실한 해석이다. 대법원의 현명한 판단을 기대한다.

서울고등법원 행정11부(재판장 김용빈) 2016.5.11. 선고 2015누31307 판결

'좌익효수' 댓글 10개만 살아남은 이유

: '좌익효수' 국정원법 위반 무죄

이광철 변호사

2015년 11월 26일 서울중앙지방검찰청 공안2부가 '좌익효수'로 알려진 국정원 직원 유 모 씨를 국정원법 위반과 모욕죄 등 혐의로 불구속 기소했다. 국정원 직원으로서 선거에 개입한 것으로 볼 수 있는 게시물 10개에 대해선 국정원법상 선거개입죄를 적용하고, 게시물 48개에 대해선 인터넷에서 '망치부인'으로 알려진 이 모 씨와 그 가족들을 모욕한 죄를 적용한 것이다. 하지만 법원은 모욕죄 혐의에 대해서만 유죄로 인정하고 국정원법 위반 혐의에 대해선 무죄를 선고하면서 유씨에게 징역 6월에 집행유예 1년을 선고했다.

'좌익효수'의 악행이 세상에 드러난 것은 2012년 대선에 국정원이 조직적으로 개입한 점을 밝힌 검찰의 수사 결과 발표가 계기가 됐다. '좌익효수'라는 아이디의 의미, 즉 '좌익 능지처참'이라는 뜻도 강렬했지만, 이자가 남긴 글의 내용이 양식 있는 시민들에게 큰 충격을 줬다.

2013년 7월 1일자 미디어오늘 이재진 기자의 보도에 의하면, 2011년 1월부터 2012년 11월까지 유씨는 '좌익효수'라는 아이디로 인터넷 커뮤니티 '디시인사이드'에 무려 3460여 개에 달하는 댓글을 남겼다. 여기서 '좌익효수'는 '돼지게 패야 된당께 홍어 종자들' '절라디언'이라는 문장과 단어를 집중적으로 사용했다. 그뿐 아니라 문재인 의원을 '문죄인', 박원순 서울시장을 'X숭이', 김대중 전 대통령을 'X대중'이라고 부르며 조롱하고, 통합진보당에 대해서는 '통합망신당'이라고 했다고 한다.

이러한 댓글과 유씨가 개입했다고 알려진 서울시 공무원 간첩 사건을 기억하는 시민들에게 이번 판결은 실망이나 분노를 말하기 전에 이해 자체가 안 되는 사건이다. 왜 이렇게 실망스러운 판결이 나왔을까?

이번 판결을 이해하기 위해 우선 이런 예를 들어보자. 전두환이 이끄는 신군부가 12·12 군사정변을 시발점으로 광주 학살을 거쳐 정권을 찬탈한 일련의 사건에서, 대법원은 반란 수괴, 반란 모의 참여, 반란 중요 임무 종사, 불법 진퇴, 지휘관 계엄 지역 수소 이탈, 상관 살해, 상관 살해 미수, 초병 살해, 내란 수괴, 내란 모의 참여, 내란 중요 임무 종사, 내란 목적 살인, 특정범죄 가중처벌법 위반죄(뇌물: 전두환과 노태우가 집권 시절 현대와 삼성 등에서 정치 헌금을 받은 부분)를 모두 유죄로 인정했다(대법원 1997.4.17. 선고 96도3376 판결). 검찰이 전두환, 노태우 등에 대해 이러한 죄목을 적용해 기소했고, 대법원이 일부 죄목을 제외한 거의 대부분에 대해 유죄로 인정한 것이다.

그런데 만일 검찰이 어찌된 이유에서인지 많은 죄목 중 전두환과 노태우 두 사람에게 뇌물죄만 적용해 기소했다면 어땠을까? 법원은 전두환, 노태우 일당의 12·12 군사정변이나 광주 학살에 대해선 어떤 죄목으로도 유죄를 인정할 수 없었을 것이다. 법률에 익숙하지 않은 시민들은 납득되지 않을 텐데 그것이 우리 사법 제도다. 이를 불고불리不告不理 원칙이라 한다. 즉 기소하지 않으면 심리하지 않는다는 의미다.

법원이 유씨에게 국정원법 위반 혐의에 대해 무죄를 선고한 까닭도 불고불리 원칙에 기인한 것이다. 검찰은 자신들이 수사한 결과 밝혀진 여러 사실 중 극히 일부만 증거로 제출하면서 기소 범위를 줄였다. '좌익효수'의 악행 가운데 단지 10건의 선거 개입과 48건의 개인 모욕만이 법원 판결의 대상이 됐다. 이렇게 다수의 선거 개입 건이 기소 단계에서 제외됨에 따라 10건의 선거 개입마저도 선거 개입의 의도를 인정하기 어렵다는 취지로 무죄 판결이 선고된 것이다.

판결의 이유를 보면, 재판부는 유씨가 달았던 댓글이 모두 10건, 댓글 게시 기간은 이삼일에 불과했다는 점을 들어 그가 낙선을 의도했는지 의문이라면서 "즉흥적이고 일회성으로 댓글을 게시했을 가능성이 있다"고 판시했다.

물론 검찰이 기소하고 공소 유지한 행태가 이렇다고 해서 국정원법 위반 혐의에 대해 무죄를 선고한 법원이 마냥 무구하다고 볼 수는 없다. 특히 유씨가 야당과 야당 정치인을 비방한 데 대해 법원이 "자신이 소속된 기관을 보호하거나 방어하려는 목적에서 비롯됐을 가능성이 적지 않다"고 판단한 것은 법관의 양식을 의심하게 만든다. 그간 언론이 '좌익효수'를 쫓으며 밝혀낸 진실의 일단에 대해 무지하거나 무관심하다는 방증이기 때문이다.

하지만 형사 사법 체계가 불고불리 원칙과 증거재판주의 원칙을 채택하고 있고, 대법원에서 "형사재판에서 범죄사실의 인정은 법관으로 하여금 합리적인 의심을 할 여지가 없을 정도의 확신을 갖게 하는 증명력을 가진 엄격한 증거에 의해야 하므로, 검사의 증명이 위와 같은 확신을 갖게 하는 정도에 충분히 이르지 못한 경우에는 비록 피고인의 주장이나 변명이 모순되거나 석연치 않은 면이 있는 등 유죄 의심이 간다고 하더라도 피고인의 이익으로 판단해야 한다"는 법리가 확고히 정립된 마당에, 결과만 들어 법원을 비난하는 것은 자칫 검사의 엉성하고 부실한 공소 유지를 정당화할 여지가 있다.

판결이 나온 뒤 검찰은 2016년 4월 27일 항소장을 제출했다. 이제 관건은 항소심에서 1심이 무죄로 판단한 부분에 대해 검찰이 어떻게 대응하냐에 달려 있다. 답은 이미 나와 있다. 항소심에서 심판 범위를 확대하는 식으로 공소장을 변경하고, 아울러 확보한 증거 자료를 모조리 제출해야 한다. 이번 판결 이후, 검찰이 밝혀진 수백 건의 댓글 가운데 10건만 기소했다는 취지의 보도들이 쏟아졌다. 검찰이 고의로 임무를 방기했다는 의심을 받고 있다.

유씨를 공직선거법 위반 혐의로 추가 기소하는 것도 법리적으로 무리는 아니다. 형사소송법상 공범이 기소되는 경우 다른 공범의 공소시효도 따라서 정지된다고 보기 때문이다. 결국 공소장 변경이든, 증거 추가 제출이든, 추가 기소든 여기에 법적인 장애는 없다. 검찰의 의지에 달린 문제다.

하나만 더 지적하겠다. 피고인 유씨는 국정원 현직 직원이라고 해서 재판 내내 차폐 시설로 가려진 공간에서 재판을 받았다. 이것이 가능했던 이유로 법원과 국정원 측은 국가정보원직원법 제17조를 든다. 도무지 수긍하기 힘들다. 해당 조항에는 국정원 직원이 재직 중이거나 퇴직한 후 증인 또는 사건 당사자로서 직무상의 비밀에 관한 사항을 증언하거나 진술하려는 경우, 법원은 공무상 비밀을 보호하기 위해 비공개 증언 등 적절한 조치를 할 수 있다고 되어 있다(2항, 6항). 조항 어디에서 국정원 직원이 불법을 저질러 형사재판을 받는 경우 그 직원에 대해 차폐 시설로 보호하라는 결론이 도출되는가? 국정원은 국가기관으로서 국가의 안위와 국민의 안전을 수호하는 것이 임무다. 그렇다면 해당 조항의 '직무상의 비밀'이란 그런 임무를 수행하는 과정에서 생긴 적법하고 보호할 가치가 있는 비밀을 의미한다고 할 것이지, 선거에 개입하고 국민을 공격하는 불법행위를 저질러 형사재판에 회부된 자를 보호하는 근거가 될 수는 없다. 이런 자를 직위 해제하지 않은 국정원의 정치 논리는 논외로 하고, 그간 절차상 보호해온 법원도 깊은 반성이 필요한 대목이다. 반드시 시정돼야 한다.

서울중앙지방법원 형사5단독(이창경) 2016.4.21. 선고 2015고단7220 판결

2019

2018

2017

2016

2015

반복되는 대형 참사에서,
반복되는 솜방망이 처벌

: 세월호 선장과 선원 대법원 판결

박주민 변호사

2015년 11월 12일 세월호의 선장과 선원들에 대한 대법원의 판결 선고가 있었다. 이번 판결에는 크게 두 가지 주목할 점이 있다. 하나는 이준석 선장에 대한 살인죄가 항소심에 이어 그대로 인정되었다는 것, 또 하나는 검찰이 1심 때부터 줄곧 유지해온 침몰 원인 주장 중 '조타 미숙'에 대해 항소심에 이어 대법원도 믿을 수 없다고 판단했다는 것이다. 각각에 대해 좀 더 자세히 살펴보도록 하겠다.

1953년 1월 9일 전남 여수항에서 부산항으로 가던 정기 여객선 창경호가 부산 서남쪽 다대포 앞바다 거북섬 부근에서 강풍을 만나 침몰했다. 이른바 창경호 침몰 사고다. 이 사고로 모두 13명(선장과 선원 12명, 대동상선 사장 1명)이 기소됐으나, 1953년 5월 16일 부산지방법원에서 열린 공판에서 검사가 주장한 고의 살인죄가 아닌 업무상 과실치사가 적용되어 선장은 금고 3년, 대동상선 사장은 금고 2년에 처해지는 데 그쳤고, 선원들은 전원 무죄를 선고받았다.

1970년 12월에는 제주 성산항을 출발해 부산으로 향하던 남영호가 여수 소리도 인근에서 침몰하는 사고가 발생했다. 부산지방검찰청 김성진 부장검사는 남영호 침몰 사건 결심 공판에서 강 모 선장에게 살인죄를 적용해 사형을 구형했다. 여기에 살인죄가 인정되지 않을 때를 대비해 이차적으로 행하는 예비적 청구로 업무상 과실치사도 적용했다. 선주 등 나머지 관계자 6명에게도 벌금 3만 원에서 징역 10년까지 구형했다. 하지만 부산지방법원 형사합의부 유수호 부장판사는 선고 공판에서 강선장의 살인 부분은 무죄로 보고 예비 청구 죄명인 업무상 과실치사만을 인정해 징역 3년 형을 선고했다.

2003년 2월 18일 대구 지하철 중앙로역에 1079호 열차가 멈춰 서자 여기에 타고 있던 50대 남성이 두 병의 페트병에 든 휘발유를 붓고 불을 붙였다. 열차는 당시 문이 열려져 있어서 대부분의 승객이 대피할 수 있었다. 그런데 반대편 차선으로 들어오던 1080호 열차에 불이 그대로 옮겨 붙고 말았다. 화재로 인해 전원 공급이 차단되어 문이 열리지 않는 상황에서 1080호에 타고 있던 승객들은 수동으로 문을 개폐하지 못한 끝에 탈출하지 못하고 사망했다. 이후 불이 번지고 유독가스가 퍼지면서 많은 사람이 목숨을 잃었다. 이러한 대구 지하철 참사와 관련해 기관사와 관제사만 업무상 과실치사죄로 기소됐다.

이처럼 대형 인명 참사가 밥 먹듯이 반복되고 있다. 또 한 가지 반복되는 것이 대형 참사에서 시민들의 인명을 구할 책임이 있는 사람에 대한 솜방망이 처벌이다. 앞서 말했듯이 시민들의 인명을 구조해야 하면서도 역할을 다하지 않고 자신의 목숨만 구한 사람들에 대해 그동안 업무상 과실치사 혐의가 적용되고 인정되어온 것이다. 업무상 과실치사의 경우 5년 이하의 금고에 처해질 뿐이다. 인명 피해에 비하면 그리 무거운 죄가 아니다. 이런 판결이 반복되다 보니 타인의 인명을 구할 의무가 있는 자라 하더라도 우선 자기 목숨을 구하는 길을 선택하게 된다.

이제 이번 판결을 계기로, 사형에 찬성하지는 않지만, 최고 사형에까지 처해지는 살인죄가 인정될 수 있는 길이 열린 것이다. 아마 이후에는 사고가 발생했을 때 타인의 생명을 구할 책임이 있는 자는 자신의 목숨만 챙기는 것을 선택해서는 이익이 없게 되니 사람들을 구하는 길로 좀 더 나서게 될 것이다. 물론 판결이 실제로 얼마나 영향을 미칠지는 아직 미지수다.

한편 이런 측면에서 봤을 때 이번 판결에도 아쉬운 점은 있다. 이준석 선장과 비슷한 책임을 진다고 할 수 있는 1등 항해사에 대해서는 그만한 책임을 인정하지 않았다. 이준석 선장이 항해와 관련해서는 절대적 지배 권한을 갖고 있다고 보았기 때문이다. 이에 따라 앞으로도 현장의 최종 책임자가 아닌 다른 책임자의 경우 비슷한 행태가 반복될 여지도 있어 보인다.

검찰은 세월호의 침몰 원인으로 무리한 증톤(증개축)과 과적, 선원들의 조타 미숙에 의한 대각도 변침을 들었다. 세 원인이 합쳐져 세월호가 완전히 복원성을 잃고 침몰했다는 것이다. 그런데 항소심에 이어 대법원도 대각도 변침이 선원들의 조타 미숙에 의한 것인지 믿을 수가 없다고 했다. 대법원은 선원들이 정상적으로 변침을 시도하던 중 조타 유압 장치가 고장이 나거나 엔진에 이상이 생겨 조타기의 타각보다 더 많은 각도의 타효가 발생했을 수도 있다고 했다. 물론 대법원이 조타 미숙 외에 이유로 들었던 것은 모두 예시다. 다른 이유가 있을 수도 있다는 것을 부정하지는 않았다.

이렇게 검찰이 주장해온 침몰 원인 중 한 부분을 최종적으로 법원이 받아들이지 않은 것이다. 그러면서 그 부분을 공백으로 남겨두었다. 따라서 침몰 원인에 대해서는 검찰과 법원에 의해서는 진상이 완전히 규명된 것이라고 볼 수 없게 됐다. 진상 규명은 끝난 것이 아니라 이제 시작이라는 의미의 판결인 것이다. 특히 법원이 예시로 든 대각도 변침의 다른 이유에 대해서는 적어도 선체를 인양해 선체를 정밀 조사해봐야 알 수 있는 것들이기에 선체 인양과 인양 후 정밀 조사의 필요성에 대해서도 강조한 판결이다.

이번 판결은 이준석 선장에 대한 살인죄를 인정함으로써 참사가 발생할 때 타인의 생명을 구할 의무가 있는 이들에게 좀 더 적극적인 구조 활동을, 제한적일 수 있지만, 촉구하는 의미가 있다. 그리고 검찰이 세월호 참사의 침몰 원인으로 지목해온 것 중 일부에 대해 믿기 어렵다고 판단해 진상 규명 활동이 새로운 차원에서 시작돼야 함을 시사했다.

세월호 참사 이야기가 나오면 이제는 지겹다고 하는 이들이 많다. 하지만 이번 판결에서 알 수 있듯이 세월호 참사는 새로운 사회에 대한 메시지를 던지는 동시에 어느 하나도 제대로 밝혀진 것 없는 사건이다. 우리가 맞이하고픈 새로운 사회를 위해 좀 더 관심을 갖고 살펴봐야 한다.

대법원 전원합의체(주심 김소영) 2015.11.12. 선고 2015도6809 판결

기자회견에서 구호 외치면 집회라니?

: 구호 제창한 기자회견을 미신고 옥외 집회로 인정

방서은 변호사

기자회견에서 구호를 외치면 미신고 옥외 집회라고 인정한 이번 판결에서 사실관계와 판단의 흐름을 살펴보면 다음과 같습니다.

기자회견을 했다. → 기자회견에서 구호를 외쳤다. → 구호를 외쳤으니 기자회견은 집회다. → 집회인데 신고를 하지 않았으니 집시법 위반이다. → 따라서 유죄다.

1심, 2심, 대법원 판결문까지 모두 합해 9장 남짓한 판결문을 읽고 나서 머릿속에 가장 먼저 떠오른 의문은 두 가지였습니다. 집회란 무엇인가? 집회는 왜 신고해야 하는가?

두 질문에 대한 답을 찾아보면서 판결을 살펴보려 합니다.

이번 판결의 주요 쟁점은 집회와 기자회견을 구분하는 것입니다. 법률적인 관점에서 기자회견과 집회는 어떻게 구분될까요. '집회'와 '기자회견' 모두 법률상 정의가 명확한 용어는 아닙니다. 다만 판례에서 "집회란 특정 또는 불특정 다수인이 공동의 의견을 형성해 이를 대외적으로 표명할 목적 아래 일시적으로 일정한 장소에 모이는 것"이라고 해석하고 있습니다(대법원 2009.7.9. 선고 2007도1649 판결). 즉 어떤 모임이 집회인지 기자회견인지가 법률상 쟁점이 된다면, 결국 모임의 단순한 외형뿐 아니라 실질을 따져 법원이 스스로 판단해야 합니다.

법원은 다음과 같은 이유로 이번 기자회견을 외형상 '기자회견'이라는 형식을 갖춘 '집회'에 해당한다고 판단했습니다.

첫째 기자회견을 주최한 전국언론노동조합 회원 20여 명이 공영 방송 지배구조 개선 등이 적힌 현수막과 손 피켓을 들고 마이크를 이용해 공영방송 구조를 개선하라는 구호를 외친 사실.

둘째 종로경찰서 정보관이 구호 제창을 하는 피고인들에게 미신고 집회로 변질되면 사법 처리한다는 것을 경고한 사실.

셋째 종로경찰서 경찰관이 경고해도 주최 측이 계속해 구호를 외치자 이번에는 자진 해산할 것을 요청한 사실.

구호를 외치는 순간 모든 기자회견이 집회가 되는가?

법원의 말대로 기자회견을 빙자한 집회는 있을 수 있습니다. 하지만 그 실질이 무엇인지는 '구호를 외친' 행위 하나로 결정되는 것은 아닐 겁니다. 기자회견이 일방향적인 '말하기'의 과정으로 이뤄진다면, 집회는 양방향적인 '말하기-듣기-묻기-대답하기'로 이뤄집니다. 이는 기자회견인지 집회인지 그 실질을 구분하는 중요한 차이가 될니다.

이번 사건의 사실관계를 살펴보면, 기자회견은 당일 오전 11시 5분에 시작돼 오전 11시 37분에 마쳤습니다. 그 사이 오전 11시 24분경부터 11시 37분경까지 13분간 구호를 외쳤다고 하는데, 시작하고 20분 동안은 일반적인 기자회견의 모습이었을 겁니다. 기자회견 전체를 집회로 보려면, 적어도 일반적인 집회의 모습이 구호를 외치기 전인 20분 동안에도 나타나야 기자회견을 '빙자'한 집회라 할 수 있습니다. 하지만 판결문 어디에도 이를 고민하고 실질을 따져보려는 노력의 흔적을 찾을 수 없습니다. 단순히 구호를 외친 것 하나만으로 기자회견을 빙자한 집회라고 판단한 것입니다.

경찰이 집회라고 보면 모두 다 집회인가?

법원은 기자회견을 집회라고 판단한 근거로 종로경찰서가 미신고 집회는 사법 처리한다고 경고한 것과 자진 해산하라고 요청한 사실을 제시했습니다. 현장에 있는 경찰이 집회로 보고, 미신고 집회라 경고하고, 자진 해산하라고 요청한 것으로 보아 집회라는 것입니다. 그런데 피고인이 집회가 아니라 기자회견이라고 주장하는 것은 경찰의 판단이 틀렸으니 법원에게 판단을 해달라는 의미입니다. 행정기관의 해석과 개인의 해석이 다를 때, 이를 법적 요건에 근거해 합리적인 판단을 제시하는 것이 법원의 기능이기 때문입니다. 하지만 법원은 이번 판결에서 그런 기능을 하지 못했습니다. 법원이 경찰의 자의적 판단을 아무런 논거 없이 그대로 받아들인다면 재판은 왜 필요할까요?

집회는 왜 신고해야 할까요? 집회의 자유는 헌법에서 보장하는 국민의 기본권입니다. 집회 신고를 의무화하는 것은 기본권 행사를 '신고'라는 것으로 제약하는 것입니다. 헌법은 개인의 기본권 보장을 원칙으로 삼고 예외적인 경우 법률로써 기본권을 제약할 수 있다고 명시하고 있습니다. 하지만 적법하고 평화로운 집회까지 신고하라는 것은, 개인의 기본권 제약을 원칙으로 하되 예외적인 경우 기본권을 보장하겠다는 식으로 해석될 여지가 있습니다. 실제로 그렇게 운영되고 있습니다.

법원은 집시법상 사전 신고 제도에 대해 "적법한 옥외 집회를 보호하고, 불법 집회로 인한 공공 안녕질서 유지를 하기 위한 목적"이라고 판시했습니다(대법원 2010.2.25. 선고 2008도9049 판결). 하지만 사전 신고제는 적법한 옥외 집회를 보호하는 수단이 아니라 통제하는 수단으로 변질되고 있습니다. 이번 사건처럼 정당한 기자회견마저도 집회로 규율해 미신고 집회로 처벌하는 등 사전 신고제를 기계적으로 적용해 기본권에 상당한 제약을 가하고 있습니다.

그럼에도 우리는 왜 집회를 신고해야 할까요? 평화적인 방법으로 공동의 의견을 표출하는 것도 왜 국가에 신고해야 할까요? 개인의 기본권을 침해하는 행위에는 더욱 엄격한 잣대가 필요한 것이 아닌가요? 사실상 허가제로 변질된 집회 사전 신고 제도의 허점 속에서 우리의 표현의 자유는 예외의 예외로 찌그러져버린 것이 아닌지 수많은 질문을 던지게 만드는 판결이었습니다.

대법원 3부(주심 박보영) 2015.10.15. 선고 2015도12320 판결

수정 명령, 검정교과서를
국정교과서로 만드는 마법

: 교육부의 한국사 교과서 수정 명령 적법

김선휴 변호사(법무법인 이공)

현재 대한민국의 고등학교용 '한국사' 교과서는 국정교과서가 아닌 검정교과서다. 국정교과서는 교육부가 직접 만들거나 위탁해 편찬하고 모든 학교가 이를 반드시 사용해야 한다. 반면 검정교과서는 민간에서 집필한 도서에 대해 교육부장관이 일정한 절차를 거쳐 검정 합격을 결정하면, 각 학교가 합격한 검정 도서 중 사용할 도서를 선택할 수 있다. 이는 다양하고 탄력적인 내용의 교과서를 통해 학생들이 스스로 정답을 찾아가고 다양한 사고방식을 수용할 수 있도록 하며 교사와 학생의 교재 선택권을 보장하기 위해서다.

그런데 교육부장관이 검정에 합격한 6개 출판사의 한국사 교과서에 대해 내용을 수정하라는 명령을 내렸다. 예컨대 국군의 거창 양민 학살을 서술한 부분에 대해 '균형 잡힌 서술을 위해 북한의 민간인 학살에 대한 실례도 제시하라', 북한의 주체사상을 소개한 부분에 대해 '학생들이 잘못 이해할 수 있으므로 북한이 주장하는 자주노선이 정치적 수사에 불과하며 대내 통합을 위한 체제 유지 전략이었음을 서술하라', '피로 얼룩진 5·18 민주화운동'을 '5·18 민주화운동이 일어나다'로, '책상을 탁 치니 억 하고 죽다니'를 '극단으로 치닫는 강압 정치'로 수정하라는 것 등이다.

그러자 검정교과서의 집필자들이 교육부장관의 수정 명령이 법적 근거가 없고 절차적으로도 문제가 있으니 취소해달라며 법원에 소송을 제기했다. 1심인 서울행정법원은 교육부장관의 수정 명령이 적법하다고 인정했고, 항소심인 서울고등법원도 1심 판결을 거의 그대로 원용하면서 수정 명령이 정당하다고 봤다.

이번 사건은 근본적으로 '국가권력이 교육 내용에 어디까지 개입할 수 있는가'라는 질문을 던지게 한다. 개입에 한계를 설정해야 한다면 부당한 개입을 막기 위해서는 어떤 절차와 요건이 필요한가를 묻는 문제이기도 하다. 우선 해답의 실마리를 국가와 교육의 관계에 대해 규정한 헌법에서부터 찾아보자.

'교육의 자주성·전문성·정치적 중립성(…)은 법률이 정하는 바에 의하여 보장된다'(헌법 제31조 4항).

이 규정은 교육이 국가 백년 대계의 기초인 만큼 외부 세력의 부당한 간섭에 영향받지 않도록 교육자나 교육 전문가에 의해 주도되고 관할돼야 한다는 점을 말한다. 교육 행정 권력은 교육 내용에 개입하는 일을 최소화해야 한다는 요구 또한 여기에서 도출된다. 그런 점에서 헌법재판소도 "국정교과서 제도는 정부의 행정 관료에 의해 교과 내용 및 교육 내용이 영향을 받을 소지가 있어 교육의 자주성을

보장하는 위 헌법 규정과 모순될 수 있다"고 판시한 것이다(헌법재판
소 1992.11.12. 선고 89헌마88 결정).

우리 사회의 가치 체계를 나타내는 헌법이 교육에 대해 취하는 기
본 관점이 이렇다는 것을 전제로 두고, 이번 판결이 과연 헌법 정신
에 충실한지 살펴보고자 한다.

검정 권한이 있다면 수정 명령을 내릴 권한도 있다?

첫 번째로 살펴볼 쟁점은 법률 유보 원칙 위반 여부, 즉 교육부장
관의 수정 명령이 법률에 근거한 것인가이다. 대통령령인 '교과용도
서에 관한 규정' 제26조 1항은 교육부장관에게 검정 도서의 '수정'
을 명할 권한을 부여하고 있다. 그런데 규정의 근거가 되는 초·중등
교육법 제29조 2항은 교과용 도서의 '범위·저작·검정·인정·발행·공
급·선정 및 가격 사정'에 필요한 사항을 대통령령에 위임한다고 규
정할 뿐 교과용 도서의 '수정'에 대해서는 아무런 언급이 없다. 이 때
문에 교육부장관의 수정 명령이 '법률'에 근거한 것인지가 문제됐다.

법원은 "'검정 권한'에는 본질적으로 '그 내용을 교육 목적에 적합
하게 수정하도록 명할 수 있는 권한'이 포함되어 있다"고 해석함으로
써 이 문제를 해결했다. 다시 말해 '검정은 수정을 포함'하므로 '검정'
의 근거 규정인 초·중등교육법 제29조 2항이 '수정 명령'의 근거 조
항이기도 하고, 따라서 이번 수정 명령은 법률 유보 원칙에 위반되지
않는다고 판단한 것이다.

그러나 표현상의 잘못이나 기술적 사항, 객관적 오류를 바로잡는

정도를 넘어서서, 이미 검정을 거친 내용을 실질적으로 변경하는 결과를 가져오는 수정 명령 권한까지도 검정 권한에 포함된다는 해석은, 검정 권한의 내용과 범위를 너무 확대 해석한 것은 아닐까. 검정 교과서 제도를 채택한 취지는 헌법이 천명한 교육의 자주성·전문성·정치적 중립성을 구현하고 국민의 교육받을 권리를 실질적으로 보장하는 데 있다(대법원 2013.2.15. 선고 2011두21485 판결). 그렇다면 국가의 검정 권한의 내용과 범위는 교육 내용에 대한 국가 개입을 더욱 강화하는 방향(내용 변경을 가져오는 수정 명령도 포함하는 방향)으로 확대 해석하기보다는 제한적으로 해석하는 것이 바람직하다.

수정 명령은 적법한 절차를 거쳤는가?

행정부와 법원의 판단대로 내용의 실질적 변경을 가져오는 수정 명령도 교육부장관의 검정 권한에 포함된 것이라면, 수정 명령이 적법하기 위해서는 어떤 절차를 거쳐야 하는지, 즉 이번 수정 명령은 적법한 절차를 거쳤는지가 두 번째 쟁점이다.

내용의 실질적 변경을 가져오는 수정 명령을 내리기 위해 거쳐야 할 절차에 대해서는 2013년 대법원에서 기준을 제시한 바 있다. 이 역시 검정을 마친 교과서에 대해 교육부장관이 내린 수정 명령을 다툰 사안이었는데, "(수정 명령이) 이미 검정을 거친 내용을 실질적으로 변경하는 결과를 가져오는 경우에는 새로운 검정 절차를 취하는 것과 마찬가지라 할 수 있으므로 검정 절차상의 교과용도서심의회의 심의에 '준하는' 절차를 거쳐야 한다"고 판시했다(대법원 2013.2.15. 선고 2011두21485 판결).

이번 수정 명령을 내리는 과정에서 교육부장관은 새로운 검정 절차를 다시 거치지는 않았고, 대신 '수정심의위원회'라는 것을 구성해 심의를 진행한 뒤 수정 명령을 내렸다. 법원은 수정심의위원회의 위원 선정 방식과 위원 구성, 소집 절차, 심의 방식 등이 교과용도서심의회의 경우와 거의 동일하게 이루어졌으므로 검정 절차에 '준하는' 절차라고 인정했다. 심의 기간이 비교적 단기간이라거나 위원회의 심의 사항과 위원의 인적 사항이 공개되지 않았다는 사정만으로는 절차적 위법이 있다고 볼 수 없다고도 했다.

그러나 이는 검정 절차에 '준하는' 절차를 거쳤는지를 지나치게 형식적으로 판단한 것이다. 국가의 공권력 행사에서 특정한 절차를 요구하는 것은 절차를 보장함으로써 달성하고자 하는 실질적인 목적이 있기 때문이다. 대법원은 2013년 관련 판결(2011두21485)에서 검정 절차에 '준하는' 절차를 요구하는 이유가 "그러지 않으면 행정청이 수정 명령을 통해 검정 제도의 취지를 훼손하거나 잠탈할 수 있"기 때문이라고 분명히 밝혔다.

그렇다면 검정 절차에 준하는 절차는 단순히 '형식적'으로 교과용도서심의회의 절차와 '유사한 외관'을 갖춘 절차를 거쳤다는 점만으로 인정될 것이 아니라, 검정 절차를 둔 '취지를 구현할 수 있는 절차'여야 한다. 따라서 법원은 단순히 수정심의위원회의 의사·의결 정족수, 기초 심사와 본심사의 분리 운영, 위원의 분리 구성 등이 교과용도서심의위원회와 거의 유사하게 이루어졌다는 식의 외관 판단에 그쳐서는 안 된다. 수정심의위원회 절차의 투명성, 위원회 구성원의 다양성, 교육 행정 권력으로부터의 일정한 독립성, 위원회 내에서 충실한 토론과 의견 개진 및 이를 위한 충분한 기간 등이 확보된 절차였는지, 그래서 검정 절차를 둔 취지를 구현하는 절차였는지를 더욱 면밀히 판단했어야 한다. 재판이 있기 전까지 수정심의위원회와 사전 절차에 대해 거의 공개되지 않았고, 재판 과정에서도 절차의 부실함과 불투명성이 드러났는데도 법원이 절차적 적법성을 인정한 것은 지나치게 형식적인 판단에 그쳤다는 비판에서 자유롭기 어렵다.

검정교과서를 국정교과서로 만드는 재량?

마지막 쟁점은 재량의 일탈·남용 여부, 즉 이번 수정 명령이 교육부장관에게 주어진 재량의 범위 내에서 이뤄졌는지에 관한 판단이다. 법원은 검정 권한에 포함된 수정 권한을 '그 내용을 교육 목적에 적합하게 수정하도록 명할 권한'이라고 보고 있다. 그렇다면 수정 명령은 '교육 목적에 적합하지 않은 것'을 '적합한 것'으로 바꾸도록 하는 범위에서만 정당화돼야 한다.

법원은 이번 수정 명령이 "오해 또는 오인의 소지가 있는 표현을 없애거나 고치도록 한 것" "중요한 사안에 대한 서술의 비중을 다른 쟁점과 균형이 맞는 수준으로 늘리기 위한 것" "학생들에게 좀 더 완전하고 정확한 정보를 전달하기 위한 것"이기 때문에 재량의 범위 내에 있다고 판단했다. 이에 따르면 법원은 수정 전 교과서의 내용이 '교육 적합성'을 갖추지 못해 검정 도서로서 도저히 유지될 수 없는 정도라고 본 것은 아니다. 법원이 보기에는 수정 명령이 서술의 균형을 맞추고 학생들의 이해를 돕기 위한 방향이므로 수정 명령대로 고쳐도 무방하다는 취지로 읽힌다. 사실 수정 전 교과서의 내용이 교육 적합성을 갖추지 못한 정도라면 불과 3개월 전 엄격히 진행된 검정 절차에서 합격했을 리 만무하다.

수정 전 교과서의 내용(A)과 수정 명령의 내용(B)에 대한 선호나 가치 평가를 떠나서, 만약 A와 B 모두 검정교과서로서 교육 적합성을 상실한 것이 아니라면, A를 반드시 B로 바꾸도록 강제하는 수정 명령은 교육 적합성이라는 목적을 위해 불가결한 것이 아니다. A라는 내용의 교과서도, B라는 내용의 교과서도 검정교과서 제도하에서 공존할 수 있어야 하는 것이다.

계속 강조하지만, 헌법 정신과 검정 제도의 취지에 비춰볼 때, 교육 적합성을 해치지 않는 수준에서 서술 순서나 분량, 자료의 취사선택, 세부적 표현 등은 역사학자이자 교육 전문가인 저자들의 자율에 맡겨져야 한다. 명백히 교육 적합성을 상실한 것도 아닌 검정 합격 도서에 대해, 교육부가 지엽적인 서술 순서나 세부 표현까지 고치도록 명령하는 것을 재량의 이름으로 허용한다면, 이는 결국 검정교과서 제도를 수정 명령을 통해 국정교과서와 같이 운영할 재량을 허용하는 것과 같다.

사실 문제의 발단은 첫 번째 쟁점인 법률 유보 원칙 위반에 있다. 초·중등교육법 제29조 2항이 교과서 제도에 대해 법률 단계에서 전혀 정하지 않은 채 포괄적으로 대통령령에 백지 위임하고 있다 보니, 수정 권한의 존부와 범위, 필요한 절차가 모두 해석에 맡겨질 수밖에 없는 상황이다. 이는 결국 행정부가 자의적으로 해석하지 못하도록 교과서 제도의 중요한 내용을 법률 단계에 구체화해 해결할 문제라고도 볼 수 있다. 하지만 아직 입법적 개선안이 마련되지 않은 상태라면, 법원은 존재하는 법령을 최대한 헌법의 취지에 부합하도록 해석함으로써 행정권의 위헌적인 공권력 행사에 제동을 걸어야 할 책임이 있다. 대법원 상고심에서는 좀 더 현명한 판단이 내려지기를 기대한다.

서울고등법원 행정4부(재판장 지대운) 2015.9.15. 선고 2015누41441 판결

일하는 사람이면 누구나
노동조합을 만들 수 있다

: 미등록 이주 노동자 노동조합 합법화 판결

조영관 변호사

얼마 전 아르바이트 직원이 임금 체불 사실을 고용노동부에 신고해 화가 난 사업주가 그동안 밀린 임금을 '10원짜리 동전'으로 지급한 사건이 있었다. 사업주는 "있는 돈 없는 돈 싹싹 긁어 줬는데 뭐가 잘못됐느냐? (10원짜리 동전은) 돈이 아니냐?"며 적반하장이라는 태도를 보였다고 한다. 우리 사회가 '노동'을 어떻게 바라보는지 적나라하게 드러나는 단면이다.

자본주의 사회에서 노동자와 사용자는 실질적으로 대등할 수 없다. 역사를 통해 증명된 사실이다. 사용자는 임금을 제때 지급하지 않을 수도, 체불한 월급을 10원짜리 동전으로 줄 수도 있지만, 노동자는 자신의 노동을 저장해두거나 분초 단위로 나눠 제공하지 못한다. 사용자는 노동자들을 선별해 고용하지만, 노동자는 사용자에게 지급받는 임금을 생계 수단으로 삼아 살아갈 수밖에 없다. 필연적으로 고용 관계는 불평등할 수밖에 없는 것이다.

노동자와 사용자가 대등한 계약의 당사자로 인식되었던 때는 저임금·장시간 노동 등의 열악한 근로조건도 '계약 자유'라는 상황에서 자유로이 허용됐다. 하지만 '계약 해제의 자유'는 곧 사용자 입장에서 '해고의 자유'가 됐고, 노동자는 사용자의 자의에 따라 언제든지 생계 수단을 잃고 실업 상태에 놓일 처지로 몰렸다. 열악한 작업 환경이나 장시간 노동에 시달리다 산업재해를 입더라도 노동자 개인의 책임으로 인식됐다.

　　결국 노동자들은 살기 위해 모였고 노동조합이 만들어졌다. 그래도 노동자들의 단결 활동은 오랫동안 금지됐다. 노동자들이 노동조합을 만들어 근로조건에 대해 집단적으로 교섭하는 행위가 사업주의 자유를 침해한다는 이유에서다. 노동조합이 합법화된 이후에도 오랫동안 노동자들의 파업은 노동력의 자유로운 거래를 제한하는 위법행위라는 이유로 형사처벌과 손해배상의 대상이 됐다(한국은 아직도 이 수준에서 벗어나지 못하고 있다).

　　전 세계 노동자들의 오랜 투쟁으로 노동자들의 단결권, 단체교섭권, 단체행동권은 오늘날 대부분의 나라에서 노동자의 권리로 승인됐다. 우리 헌법에서도 '근로자는 근로조건의 향상을 위해 자주적인 단결권, 단체교섭권 및 단체행동권을 가진다'(제33조 1항)고 규정하고, 이를 구체화하는 노동조합법에서도 '노동조합이라 함은 근로자가 주체가 되어 자주적으로 단결하여 근로조건의 유지·개선 기타 근로자의 경제적·사회적 지위의 향상을 도모함을 목적으로 조직하는 단체 또는 그 연합단체를 말한다'(제2조 4호)고 정의하고, '근로자는 자유로이 노동조합을 조직하거나 이에 가입할 수 있다'(제5조)고 하여 일하는 노동자라면 누구나 노동조합을 만들 수 있음을 선언하기에 이른다.

외국인이 국내에 체류하려면 기본적으로 사증이 있어야 한다. 우리가 흔히 '비자'라고 부르는 사증은 외국인이 입국 자격이 있음을 증명하는 서류로서 체류 목적에 따라 종류가 나뉜다. 그중 관광이나 일시 방문 등의 목적으로 단기 체류를 넘어 국내에 90일 이상 장기 체류하려는 외국인은 출입국관리법에 따라 관할 출입국관리사무소에 자신의 체류 자격을 소명하고 외국인 등록을 하도록 하고 있다. 2015년 3월 현재 우리나라에 등록된 외국인의 수는 110만 명 정도로, 제주도 인구의 두 배에 달한다.

만약 외국인이 국내에 90일 이상 머물면서 체류 자격에 따라 등록을 하지 않거나, 최초 등록을 했더라도 부여된 체류 기간을 초과해 국내에 계속 머무는 경우 출입국관리법에 따라 규정된 행정절차(외국인 등록 절차)를 위반한 것이 된다. 이렇게 등록되지 않은 외국인을 '미등록 외국인'이라고 부른다.

한국 정부는 미등록 외국인 대신 '불법 체류자'라는 말을 공식 용어로 사용하고 있다. 출입국관리법에 따른 등록 절차를 위반했다는 것을 강조하는 행정 언어다. 외국인이 출입국관리법상 외국인 등록 절차를 위반해 처벌을 받는다고 해서 인간으로서 품위를 잃을 것까지는 없다. 하지만 '불법 체류자'라는 이름은 사람을 '체류'의 관점에 한정해 합법과 불법의 경계에 가둠으로써 그 안에 살아 숨 쉬며 존재하는 구체적인 인간을 지워버린다. 유엔의 인권규약 등 관련 국제 인권 문헌에서 '불법 체류자illegal migrant'라는 표현보다 '미등록 이주 노동자undocumented migrant worker'라는 표현을 주로 사용하는 것은 그 때문이다.

2015년 6월 25일, 대법원은 8년간이나 심리해온 사건의 판결을 선고했다. '노동조합 설립신고서 반려처분 취소소송'이라는 긴 사건명을 가진 이번 대법원 판결의 요지는 한마디로 '미등록 이주 노동자도 노동조합을 만들 수 있다'는 것이다.

판결을 좀 더 분명히 이해하기 위해 시계를 10년 전으로 돌려보자. 서울과 경기, 인천 지역에서 취업해 일하고 있던 이주 노동자(미등록 이주 노동자 포함) 91명은 2005년 4월, 지역별 노동조합 형태인 '서울·경기·인천 이주노동자 노동조합'을 설립하고, 같은 해 5월 3일 노동조합법 제10조 1항에 따라 노동조합 규약을 첨부한 노동조합 설립신고서를 노동부장관(현 고용노동부장관)에게 제출했다. 하지만 서울지방노동청장(현 서울지방고용노동청장)은 노동조합 설립신고서를 반려했다.

이주노조가 둘 이상의 사업 또는 사업장의 근로자로 구성된 노동조합이라 설립신고서와 함께 조합원이 소속된 각 사업 또는 사업장별 명칭과 조합원 수 및 대표자 이름, 조합원들이 취업 자격이 있는지 확인하는 용도로 조합원 명부를 제출해야 하는데, 이를 제출하지 않아 절차적 요건을 갖추지 못했다는 이유에서다.

또 이주노조의 임원이 현행법상 취업·체류 자격이 없는 외국인인 것을 보고 다른 조합원들의 신분도 주로 불법 체류자일 것으로 추정해, 이주노조를 노동조합에 가입할 자격이 없는 불법 취업 외국인들이 주체가 되어 조직한 단체로 보고 실체적 요건을 갖추지 못한 것으로 판단했다.

이주노조는 2005년 6월 14일, 서울지방노동청장을 상대로 노동조합 설립신고서 반려처분이 법적 근거가 없고, '불법 체류' 이주 노동자라는 사회적 신분에 따라 단결권 등 노동기본권을 차별하는 행정처분으로 위법하고 무효이니 마땅히 취소돼야 한다고 주장하며 서울행정법원에 행정소송을 제기했다. 10년이 걸린 소송의 시작이었다.

1심을 맡은 서울행정법원 행정13부는 2006년 2월 7일 서울지방노동청장의 주장을 전적으로 수용한 반면 이주노조의 주장을 모두 배척하며 원고의 청구를 기각했다. 이주노조는 1심 판결에 불복해 서울고등법원에 항소를 제기했다. 서울고등법원 특별11부는 미등록 이주 노동자라 하더라도 현실적으로 근로를 제공하고 있다면 노동조합법상 근로자에 해당된다고 판단해, 1심 판결을 취소하고 이주노조의 손을 들어주었다. 서울지방노동청장은 항소심 판결에 불복해 상고를 제기했고, 무려 주심 대법관이 세 번(김황식, 양창수, 권순일)이나 바뀌는 우여곡절을 거쳐 8년 4개월 만에 대법원은 2심 판결과 동일한 판단을 내리며 서울지방노동청장의 상고를 기각했다.

대법원 판결의 요지는 다음과 같다.

첫째 절차적 요건과 관련해 "'둘 이상의 사업 또는 사업장의 근로자로 구성된 노동조합이므로 조합원이 소속된 사업 또는 사업장별 명칭과 조합원 수 및 대표자의 이름'에 관한 서류를 설립신고서에 첨부해 제출하도록 보완을 요구한 것은 구 노동조합법 시행규칙 제2조 4호에 따른 것이기는 하나, 이 조항 자체가 상위 법령의 위임 없이 규정된 것이어서, 일반 국민에 대해 구속력을 갖는 법규명령으로서의 효력을 갖지 못하므로 이주노조가 보완 요구를 이행하지 아니했다는 이유로 설립신고서를 반려할 수는 없다"고 판단했다. 상위 법령의 위임 없는 시행규칙은 법적 구속력을 갖지 못하며 이를 근거로 국민의 권리를 제한할 수 없다고 한 것이다.

둘째 실체적 요건과 관련해 "타인과의 사용 종속 관계하에서 근로를 제공하고 그 대가로 임금 등을 받아 생활하는 사람은 노동조합법상 근로자에 해당하고, 노동조합법상 근로자성이 인정되는 한, 근로자가 외국인 여부와 취업 자격 유무에 따라 노동조합법상 근로자의 범위에 포함되지 아니한다고 볼 수는 없다"고 했다. 따라서 "취업 자격이 없는 외국인도 노동조합을 결성하고 가입이 허용되는 근로자에 해당한다고 보고, 피고가 이와 다른 전제에서 단지 외국인 근로자들이 취업 자격이 있는지를 확인할 목적에서 조합원 명부를 제출하라고 요구하고, 원고가 그 보완 요구를 거절했다는 이유로 원고의 설립신고서를 반려한 이 사건 처분은 위법하다"고 판단한 원심 판결은 정당하다고 했다. 미등록 이주 노동자도 노동조합을 만들 수 있는 노동조합법상 근로자에 해당한다는 것이다.

이는 노동삼권을 보장하는 헌법 제33조, 외국인의 지위를 보장하는 헌법 제5조, 노동조합의 정의와 노동조합 설립의 자유에 대해 규정하는 노동조합법 제5조, 인종차별을 금지하는 노동조합법 제9조 등에 비춰볼 때 지극히 타당하고 상식적인 결론이다. 노동조합법상 근로자의 범위에 대한 법리도 이미 수차례 대법원 판례를 통해 인정 돼온 내용이다(대법원 2004.2.27. 선고 2001두8568 판결, 대법원 2014.2.13. 선고 2011다78804 판결, 대법원 1995.9.15. 선고 94누12067 판결 등).

　대법원이 8년 넘는 시간 동안 심리를 지연함으로써 이주노조는 모진 수난을 겪었다. 아노아르 후세인(방글라데시) 초대 위원장을 비롯해 미셸 카투이라(필리핀) 4대 위원장에 이르기까지 이주노조 주요 임원들은 법무부 출입국관리소에 표적 단속되어 강제 추방되거나 입국이 거부되었다. 2015년 323차 국제노동기구(ILO) 이사회는 374차 결사의자유위원회 보고서를 채택하면서, 8년째 계류된 이주노조 설립신고 상고심을 더는 지체하지 말고, 이주 노동자들이 자신의 체류 자격에 상관없이 결사의 자유에 대한 권리와 단체교섭권을 전적으로 보장받을 수 있도록 할 것을 한국 대법원에 촉구하기에 이르렀다.

　판결문에 미처 드러나지 못한, 심리가 지연된 이유가 있을 수 있겠지만, 8장의 판결문을 몇 번이고 읽어봐도 대법원이 지난 8년 동안 이 사건을 두고 고심한 흔적을 도저히 찾아볼 수 없었다. 고등법원 판결문에 언급된 법리를 그대로 인용했으며, 유일하게 반대의견을 제시한 민일영 대법관의 의견 역시 1심 판결문과 피고 측의 주장과 크게 다르지 않은 원론적 내용에 그쳤다. 오히려 대법원이 사회적 약자인 이주 노동자들이 자신의 정당한 노동권을 보장받지 못하는 현실에 눈을 감아버린 모습이었다.

8년 4개월 동안 심리를 마친 대법원 판결이 선고되는 날, 이주노조 조합원들은 대법원 정문 앞에서 짤막한 기자회견을 했다. 평일 근무까지 조퇴하고 참가한 이주노조 조합원들의 모습은 감동을 주기에 충분했다. 기자회견을 마치고 대법원으로 들어가려는데, 대법원 소속 경비 직원들이 갑자기 평소 개방되어 있던 출입문을 모두 막은 채 차량이 통과하는 정문을 50센티미터가량 열어두고는 메가폰으로 "재판 방청 인원은 10명밖에 안 된다"고 일방적으로 통보했다. 게다가 이주노조 조합원들이 입고 있는 '투쟁'이라 적힌 조끼를 벗으라고 요구했다. 그런 요구는 어떤 규정에 근거하냐고 물으니, 직원은 당당히 "법원조직법 제55조의2 2항"이라고 답했다.

그런데 법원조직법 제55조의2 2항 어디에도 '투쟁'이라고 쓰인 조끼를 입고 법원에 들어올 수 없다는 규정은 찾아볼 수 없다. 다만 '법정의 존엄과 질서를 해치는 행위를 하거나 하려고 하는 경우' 또는 '그 밖에 법원 청사 내에서 질서를 문란하게 하는 행위를 하거나 하려고 하는 경우'에 이를 제지할 수 있다고 돼 있다. 법원보안관리대 직원은 8년 4개월 동안 대법원 판결을 기다린 이주 노동자들이 판결을 선고하는 법정에 '투쟁'이라고 쓰인 조끼를 입고 들어서는 것이 '법정의 존엄과 질서를 해치는 행위'이거나 '법원 내 질서를 문란하게 하는 행위'로 보였던 모양이다.

이러한 자의적 판단이 바로 '위법'이고 '월권'이라 생각한다. 최고 법원의 권위와 존엄은 법원에 출입하려는 조합원들의 투쟁 조끼를 억지로 벗겨내는 것으로 지키는 것이 아니라, 인권 보장과 정의 구현의 최후 보루라는 사법부 본연의 목적에 충실할 때 자연스레 인정될 수 있다. 대법원은 지금이라도 이를 깨닫기 바란다.

대법원 전원합의체(주심 권순일) 2015.6.25. 선고 2007두4995 판결

적립금만 쌓고 교육 환경은 등한시한 대학, 등록금 환불하라

: 수원대 등록금 환불 판결

임재홍 교수(한국방송통신대 법학과)

2015년 4월 24일 법원은 비록 1심 판결이기는 하지만 수업료와 관련해 의미 있는 판결을 내렸다. 법원은 수원대 학생 50명이 학교법인과 법인 이사장, 총장을 상대로 제기한 등록금 환불 소송에서 학생들에게 각각 30만 원에서 90만 원까지 돌려주라고 판결했다.

법원은 학생들의 정신적 손해배상을 인정했는데 그 이유는 다음과 같다.

대학은 교육법과 교육기본법이 요구하는 교육 시설 등을 확보할 의무를 다해 최소한의 교육 여건 기준을 갖춰야 한다. 그럼에도 수원대는 대학 기관 인증 평가의 주요 기준인 전임교원 확보율과 교육비 환원율을 맞추지 못했다. 또 실험실습비와 학생지원비 등이 모두 대학 평가 기준에 미달했고 수도권 소재 종합대의 통상적인 수준에도 미치지 못했다.

이처럼 수원대의 교육 여건은 부실 대학으로 선정될 만큼 좋지 않왔다. 이런 점에서 재판부는 반환 금액을 많이 책정하기는 어렵지만 원고들의 기대나 예상에 현저히 미달하는 교육 여건이라는 잘못된 관행에 경종을 울리는 차원에서 등록금 일부를 정신적 손해인 위자료로 인정했다.

이번 판결은 오늘날 우리나라 사립대학이 천문학적인 액수의 적립금을 보유하는 문제에 대한 법적 판단으로도 볼 수 있다. 주지하듯 적립금의 재원은 학생들이 낸 등록금의 일부일 가능성이 크다. 법원은 "대학의 설립·경영자는 교육법과 교육기본법이 요구하는 교육 시설 등의 확보 의무를 다해 학습자의 학습에 지장이 없도록 해야"한다고 했다. 영세한 사립대학의 재정 상황을 감안할 때 인적·물적 요건을 충족해 교육 서비스를 제공하도록 강제한다면 이월 적립금의 문제는 자연스레 해결될 것이다.

또 판결은 대학의 상업화 현상에 대한 제동이라 볼 수 있다. 대학의 교육비 환원율이 100퍼센트가 되지 않는다는 것은 등록금 수입에 비해 교육비 지출이 턱없이 적다는 것을 뜻한다. 그 차액을 이월 적립금으로 보유한다면 적립금은 사실상 '영리'를 의미한다. 이는 학교법인이 유지해야 할 '비영리 법인' 성격과 배치된다. 이러한 상업화 현상을 묵인한다면 고등교육의 공공성은 물론 공공기관인 대학교의 공공성까지 침해될 것이 분명하다. 이런 점에서 판결은 충분하지는 않지만 고등교육 관련 법적 분쟁에서 중요한 의미를 갖는다.

그럼에도 이번 판결은 아쉬운 점이 많다. 무엇보다 손해배상을 인정하는 근거 법리가 명확하지 않다. 1심 재판부는 교육 서비스의 부실함을 판단하는 기준으로 '수인한도(타인에게 생활의 방해와 해를 끼칠 때 피해의 정도에서 서로 참을 수 있는 한도)'를 제시하고 있다. 즉 교육 서비스가 너무 부실해 입학 당시 학생들이 가졌던 기대를 현저히 저버렸다는 것이다. 그런데 수인한도 이론은 교육 재정에 대한 법리가 불투명하다는 전제 아래 적용된 '최저 기준'일 뿐이다. 정신적 손해배상으로 몇 푼 안 되는 비용(과소 배상)을 인정한 것은 그 때문이다. 결과적으로 수원대는 학생들의 정신적 손해에 대해 미미한 금액을 배상하는 것으로 엄청난 적립금에 대해서는 면죄부를 얻은 꼴이 돼버렸다. 이러한 법리 문제는 이전 대법원 판결(대법원 2005.1.27. 선고 2002다48412, 사립학교 부실 운영에 따른 배상 판결)을 추종한 데서 기인한다.

이번 판결에서 누락한 부분이 있다면 대학생과 학교 간 법률관계에 대한 성질을 파악하지 않았다는 점이다. 이번 판결이나 근거가 되는 대법원 판결(2002다48412)은 사립학교법 등 여러 규율(사립학교법 제29조, 제32조의2, 제32조의3, 교육기본법 제16조, 대학설립운영규정 제4조, 6조, 8조 등)을 손해배상 사건에 적용될 법규범의 전체라고 이해했다. 그렇게 이번 손해배상 사건을 공적 관리의 규율 문제로 이해해 수인한도 이론을 근거로 제시한 것이다. 이는 완벽한 오해다.

학생이 사립대학에 입학한다는 것은 '일정한 기준'에 따라 선발된 학생과 학교 사이에 계약이 성립됐다는 것을 뜻한다. 통상 재학 계약은 학교 측이 일방적으로 결정한 계약 내용을 학생 측이 포괄적으로 승인함으로써 성립한다. 따라서 부합계약(다수의 당사자가 사용할 수 있도록 만들어진 정형화된 계약서에 당사자가 계약서의 내용을 인지하고 서명을 함으로써 합의가 이루어지는 계약)의 성격을 띤다. 그런데 이러한 부합계약의 주요 내용은 학교의 학칙에 규정되어 있다. 물론 학칙의 상위규범인 헌법과 교육 관련 법령도 포함되지만 이는 이차적인 것이다. 일차적인 것은 학교와 학생의 법적 관계는 계약으로서 민사법이 적용된다는 점이다. 따라서 여기서 중요한 것은 사법상의 계약 법리일 것이다.

계약 법리에 의하면 대학은 학생이 납부한 등록금에 상응하는 교육 서비스를 제공해야 한다. 이것은 명시적 규정이 없더라도 당연히 전제되는 것이다. 통상 대학은 신입생을 모집하기 위해 홍보를 할때 최상의 교육 서비스를 약속한다. 최상의 서비스란 학생이 납부한 등록금을 상회하는 반대급부를 의미한다. 따라서 교육비 환원율이 100퍼센트를 넘지 않는다면 이는 민법상 불완전 이행에 해당하며, 구체적인 재산상 손해로서 배상의 대상이 돼야 한다. 이러한 법 해석의 뿌리는 '교환의 등가성'이 될 것이다. 더 나아가 교육상의 법률문제에 대해 민사법과 공법의 이중적 법 관계로 보는 시각을 극복하고, 헌법 제31조 1항이 보장한 국민의 교육권을 정점에 두고 바라보면 더욱 바람직한 해석도 가능할 것이다.

이번 사건에서 부실한 교육 서비스로 인해 학생들이 입은 구체적 손해를 입증할 법리를 찾아내는 것은 중요하다. 물론 법률을 개선해 이러한 부정적 현상을 제어하는 것도 중요하다. 우리 법제가 사립학교에 대한 국가의 공적 관리와 감독권을 인정하는 것은 사립학교도

공공성을 갖는 공공기관이기 때문이다. 이때 공공성은 대학은 학생의 수업권을 보장하기 위해 학생의 경비 부담을 최소화하고, 국가가 책임을 지는 것을 뜻한다. 현실에서는 이러한 공공성이 확보돼 있지 않다. 국가의 재정 보조가 부족한 데다가 학교법인의 재정까지 취약한 상황이다. 이 문제를 해결할 입법이 절실하다.

입법을 하기까지는 많은 시간이 걸릴 수도 있다. 그러다 보니 교육부의 역할도 중요하다. 무엇보다 대학에서 교육비로 사용돼야 할 비용이 적립되는 것은 바람직하지 않아서, 사립학교법은 이월 적립금에 대해 교육부가 지도·감독을 하도록 규정하고 있다. 법률의 취지에 맞춰 교육부는 지도·감독을 실시해야 한다.

서울중앙지방법원 민사17부(재판장 송경근) 2015.4.24. 선고 2013가합54364 판결

개인정보 자기결정권 침해해도
손해배상 책임 없다?

: 포털 업체의 정보 제공 사실 미통지에 대한 손해배상 불인정

이희창 변호사(법무법인 로고스)

최근 인터넷 포털 업체와 이동통신 회사가 개인의 통신 자료(이름, 주민번호, 주소 등)를 수사기관에 제공하는 일이 사회적 이슈가 되고 있다. 누구든 개인정보가 자신도 모르게 수사기관의 감시를 위해 제공된다면 상당한 스트레스를 받을 것이다. 그렇다면 적어도 자신의 정보가 수사기관에 제공되었는지 확인할 길이 열려야 하며, 이를 확인하지 못할 경우 받게 되는 적지 않은 정신적 손해에 대해 배상이 이뤄져야 하지 않을까.

2015년 2월 대법원은 회원들이 포털 업체에 자신의 통신 자료(신원 정보)나 통신사실 확인자료가 수사기관에 제공됐는지를 문의했는데도 업체가 답변을 회피한 경우, 업체의 통지 의무 위반에 대한 정신적 손해배상을 인정할 수는 없다고 판결했다. 이러한 판결이 나온 이유는 무엇이며 그 논리에는 문제가 없는지 살펴보려 한다.

정보통신망법(정보통신망 이용촉진 및 정보보호 등에 관한 법률) 제30조 2항 2호와 4항에 의하면, 정보통신 서비스 이용자는 정보통신 서비스 제공자에게 자신의 개인정보를 제삼자에게 제공한 현황을 알려달라고 요구할 수 있고, 서비스 제공자는 이러한 요구를 받으면 지체 없이 필요한 조치를 해야 한다. 이때 통신비밀보호법과 전기통신사업법에 규정된 비밀 준수 의무에는 차이가 있다. 통신비밀보호법에서는 통신 기관이 '통신사실 확인자료'를 제공한 것에 대해 외부에 누설하지 못하게 하는 비밀 준수 규정이 있는 반면, 전기통신사업법엔 '통신 자료'를 제공한 것에 대해 비밀 준수 규정이 없다. 즉 이용자가 자신의 '신원 정보'를 포털 업체가 수사기관에 제공했는지 확인해달고 요청할 경우, 업체는 이를 알려줄 법률상 의무가 있다.

이번 대법원 판결에서도 통신비밀보호법상 비밀 준수 규정에 따라 포털 업체가 이용자의 통신사실 확인자료를 수사기관에 제공한 것에 대해 알리지 않아도 위법성이 없다고 판시했지만, 업체가 전기통신사업법상 이용자가 자신의 신원 정보를 수사기관에 제공했는지를 확인해달라고 요청하면 알려줘야 한다는 점은 1심에서부터 인정되어 달리 다루지 않았다.

다만 대법원은 고객이 통신사실 확인자료나 신원 정보를 제공했는지를 알려달라고 요청했음에도 업체가 알려주지 않은 상황에 대해, 고객에게 손해가 발생한 구체적 사건성이 없으며 정보의 주체에게 수인한도를 넘는 손해가 일어나지는 않았다는 원심 판단이 결론적으로 타당하다고 판시했다. 자신의 신원 정보가 제삼자에게 제공됐는지 알 수 없어 '막연한 불안감이나 불쾌감'이 생겼더라도 이는 구체적 손해가 발생한 사건이라고 보기 어렵다고 판단한 셈이다.

그런데 대법원 판결에서 설명한 '막연한 불안감이나 불쾌감'이야 말로 앞서 보았던 정보통신망법 제30조 2항 2호와 4항에서 방지하고 자 하는 개인정보 자기결정권 침해가 아닌가. 헌법상 인간의 존엄과 가치, 행복 추구권, 사생활의 비밀과 자유 등 기본권에 의해 도출되는 개인정보 자기결정권은 정보의 주체가 개인정보의 공개와 이용에 대 해 스스로 결정할 권리를 말한다. 이렇게 개인정보 자기결정권은 헌 법상 기본권이면서 정보통신망법에 구체적으로 규정된 법률상 권리 다.

정보통신망법상 서비스 제공자가 신원 정보를 제공한 사실에 대 한 확인의 권리와 의무는 2004년 1월 29일 법률 제7139호에 처음 신 설됐다. 공고된 제정·개정 이유를 살펴보면, 무단으로 수집되거나 유 출되고 남용될 위험이 있는 회원의 개인정보를 보호하기 위해 정보 통신 서비스 제공자의 의무를 강화하기 위한 것임이 드러난다. 즉 정 보통신망법에는 이번 대법원 판결에서 '막연한 불안감 또는 불쾌감' 이라고 표현한 정신적 손해도 구체적인 권리 침해로 보아 여기서 정 보 주체를 보호하려는 입법 의지가 반영돼 있다. 이러한 입법자의 의 지는 동법 제76조 1항 5호에서 정보를 제공한 사실을 공개할 의무를 위반하면 3000만 원 이하의 과태료를 부과한다고 규정하는 점에서 도 확인할 수 있다.

그럼에도 대법원이 수인한도를 넘는 구체적 손해가 발생하지 않았다며 위자료를 인정하지 않은 이유는 무엇일까. 대법원 판결에서 원용한 원심 판결을 살펴보면, 정보를 제공하는 상대방이 수사기관이나 법원이라면 신원 정보가 악용될 가능성이 작다는 점, 포털 업체가 신원 정보 공개 여부를 확인해주지 않을 경우 회원이 탈퇴할 수 있다는 점을 주된 근거로 들어 손해가 크지 않다고 판단했다.

하지만 상식에 비춰보면, 포털 업체를 통해 자신의 개인정보를 가져간 곳이 수사기관이나 법원인 것이 제삼자인 일반인이 가져간 경우보다 덜 불안하다고 보기는 어렵다. 오히려 일반인이 아닌 국가권력에 자신의 신원 정보가 유출됐다면 수사나 재판을 받는 등 더욱 크고 직접적인 영향이 신변에 미칠 가능성이 생기므로 포털 업체가 정보 제공 사실을 알려주지 않을 때 입는 정신적 손해가 더 크다. 신변에 이러한 문제가 발생할지 모르는 상태에서 받는 정신적 손해가 포털 업체의 회원을 탈퇴한다고 해결되지는 않으리라는 점 또한 분명하다.

실제로 이번 사건에서 포털 업체들은 정보 제공 사실을 확인해줄 수 없으니 수사기관에 문의하라고 답변했다. 이러한 상황에서 회원들은 어떤 수사기관에 물어봐야 할지 알 수가 없는데, 이때 겪는 정신적 손해는 대법원처럼 '막연한 불안감이나 불쾌감'이라고 판단해서는 안 된다. 오히려 개인정보 자기결정권과 수사 방어권을 행사하고 준비하는 자기결정권까지 침해받은 것으로 해석해야 한다. 그 피해는 정신적 손해배상이 필요한 수준이라고 본다.

　대법원에서는 명백히 다루지 않았지만 원심 판결에는, 포털 업체
가 신원 정보를 수사기관에 제공했는지 확인해주도록 하면 그동안
회원이 입은 정신적 손해도 치유된다는 설명이 담겨 있다. 하지만
이는 신체와 자유, 명예 등 재산 이외의 인격권 자체가 침해된 경우
와는 달리 애당초 정신적 고통이 존재하지 않을 수 있고, 정신적 고
통이 존재하더라도 침해된 재산의 가치와 채권이 채워지면서 정신
적 고통도 대부분 치유되는 특수한 경우에 적용하는 법리다(대법원
1993.12.24. 선고 93다45213 판결 등). 재산의 가치 및 채권 침해가 아니
라 정보통신망법상 의무 위반이 문제가 된 이번 사건에서는 적용하
기 어려운 법리이자 확실한 법리적 근거가 부족한 내용이라고 본다.

한편 2014년 3월 10일 서울남부지방법원은 공공기관에 대한 정보 공개 청구사건(2013가소80847)에서, 방송문화진흥회가 정보공개 청구에도 납득하기 어려운 이유로 정보공개를 지연하면 행정심판 등 우회 절차가 있다 하더라도 상당한 시간과 노력이 소요되므로 정보공개 청구권이 형해화되어 정신적 손해를 입는다고 판결했다. 결국 다른 구제 절차로 정보공개가 이뤄질 수 있다는 것을 고려해도 정신적 손해는 발생한다고 하여 위자료를 인정한 것이다.

　　일본에도 유사한 판결이 있다. 센다이지방재판소 민사1부에서도 정보공개 청구소송이 이뤄졌다는 사실만으로 정보 비공개에 따른 정신적 손해가 해소되었다고 볼 수 없다고 판시했다. 이러한 점을 살펴볼 때 법원이 판결로 정보 제공 사실을 확인해주도록 하더라도 실제로 포털 업체가 회원들에게 확인을 해줄 때까지 그들이 겪게 되는 정신적 손해는 별도로 배상해야 한다.

　　포털 업체가 신원 정보를 유출했는지 확인해주지 않을지라도 이때 입은 정신적 손해가 위자할 만한 구체적 손해는 아니라고 본 대법원 판결은 위자료를 지나치게 좁게 인정하는 태도를 취한 것이다. 오히려 정보 제공 사실을 지체 없이 확인해주지 않는 포털 업체에게는 정보 공개 의무를 인정할 뿐 아니라 정보 공개 시점까지 발생한 개인정보 자기결정권 침해에 따라 회원들에게 정신적 손해에 대해 별도로 배상하도록 해야 한다.

대법원 1부(주심 고영한) 2015.2.12. 선고 2011다76617 판결

역사를 유신 독재 시절로
되돌린 대법원 판단

: 긴급조치 발령 합법 판결

한상희 교수

과거사 청산은 시대적 사명이자 우리 모두의 소중한 인권을 되찾는 일이다. 지난 권위주의 시절 국가와 법의 가면 아래 자행된 적나라한 폭력을 제대로 고발하고 상응하는 처벌과 교정, 화해와 다짐을 이뤄냄으로써 다시는 그런 국가 폭력이 반복되지 않도록 방비해야 한다. 그것이 이 시대가 요구하는 우리 모두의 의무이자, 폭력에서 절대적으로 자유로워야 하는 우리 인간 모두의 권리다.

하지만 2015년 3월 26일 대법원이 긴급조치 선포 행위에 대해 면죄부를 준 판결은 이러한 당위를 정면에서 거부했다. 유신 체제하에서 자행된 국가 폭력을 '고도의 정치적 행위'라는 이름으로 정당화함으로써 다시 그 사악한 권위주의 시절로 회귀하려는 양승태 대법원의 퇴행적 모습을 여지없이 드러냈다.

이번 판결은 전형적인 국가 폭력의 문제를 다뤘다. 원고는 대학을 다니던 중 긴급조치 9호를 위반했다는 이유로 중앙정보부에 끌려가 영장 없이 구금됐는데 이후 불법한 일을 당했다며 국가를 상대로 배상을 청구했다. 피고인 '대한민국'이라는 나라는 구금 행위는 당시 긴급조치가 위헌인지 알 수 없는 상태에서 공무원으로서 법 집행의 의무를 다한 것이기에 배상 책임은 없다고 반론했다.

원심 법원인 대전지방법원은 1심 판결을 파기하고 원고의 손을 들어주었다. 긴급조치 9호가 "유신 체제에 대한 국민적 저항을 탄압하기 위한 것이 분명해, 오히려 국가 공권력에 의한 지배를 강화하고, 다수의 의사에 의한 국민의 자치를 막으며, 자유·평등의 기본 원칙에 의한 법치주의적 통치 질서에 어긋나고, 국민의 기본적 인권을 침해하는 것으로 자유민주주의적 기본 질서에도 반한다"고 본 것이다. 또 박정희 당시 대통령이 국민의 기본권 보장과 헌법 수호의 의무를 저버린 채 불법적인 긴급조치를 발령한 것은 국가배상법상 고의나 과실에 의한 것이니, 국가는 배상 책임을 져야 한다고 보았다. 더 나아가, 설령 고도의 정치적 행위에 대해서는 사법적 판단이 적절치 않다는 이론을 고려한다 하더라도 이 경우는 너무도 명백한 헌법 위반에 해당하기 때문에 법을 집행하는 법원은 당연히 국가배상 여부를 심판할 수 있어야 한다고 보았다.

사실 원심 법원의 판단은 그동안 사법부가 나름대로 진행해온 과거사 청산 작업이기도 하다. 유신 체제에서 국가 폭력이 법이라는 엄폐·은폐물 뒤에 숨을 수 있었던 데는 법원의 사법 절차가 한몫을 했던 것을 감안하면, 사법부는 무엇보다도 법의 외피를 깨쳐 버리고 폭력의 적나라한 속살을 그대로 드러내는 것에서부터 과거사 청산을 시작해야 한다. 긴급조치에 대한 위헌 무효 선언이 나오고, 독재 권력의 억압에 피해를 입은 사람들에 대한 재심 판결이 줄을 이으며 이들에 대한 국가배상 판결이 내려지는 것이 작은 성과이기도 하다. 물론 이러한 사법부의 과거사 청산은 국민적인 요구에도 불구하고 그동안 너무도 느리게 그리고 너무도 조금씩 진행돼왔다. 더구나 사법부 내부에서는 인적 청산 문제는 아예 거론조차 되지 않고 지금까지도 방치되고 있다. 그리고 그 결과는 이번 대법원 판결에까지 이어졌다.

이번 대법원 판단은 이토록 미미한 이행기의 정의조차도 정면에서 거부해버렸다. 그것도 변호사조차 없는 본인소송의 형태로 제기된, 한 변호사의 말처럼 가장 약한 고리에 해당하는, 국가배상 사건에서 가장 비열한 모습으로 세상을 분노하게 만들었다.

소액 심판 사건인 이번 사건을 두고 대법원이 굳이 "대법원 판례가 없고 하급심의 판단이 엇갈리는 상황"이라는 핑계를 대며 스스로 판단하겠다며 나설 때부터 수상한 낌새가 있었다. 이미 대법원이 2013년 4월 18일 긴급조치 9호는 위헌 무효임을 선언했고(2011초기689), 하급심도 대다수의 판결에서 국가배상 책임을 인정하고 있었는데도 이런 사실은 전혀 언급하지 않았다. 여기서 대법원이 염두에 둔 선례는 1951년 거창 사건 피해자들에 대해 소멸시효 완성을 이유로 국가배상 책임을 부인한 판결(대법원 2008.5.29. 선고 2004다33469)뿐이다. 그런데 이번 사건은 거창 사건의 경우와는 법리적 층위를 달리하고 이미 대법원이 위헌 무효라고 선언한 선례에 토대한 것이니, 전혀 다른 것을 무리하게 끌어들인 견강부회의 사례인 셈이다.

여기서 대법원의 본심이 엿보인다. 그저 과거사 사건 중 제일 취약해 보이는 사건을 대법원의 심판대 위에 끌어들여 자기들의 퇴행적 법리를 갖다 맞추는 모델케이스로 삼은 것이다. 그 음모는 상고 이유 2점(불법행위 성립 여부)과 3점(시효 완성 여부)에 대한 판단에서 노골적으로 드러난다.

불법행위 성립 여부

이번 판결에서 박정희 전 대통령의 긴급조치 선포 행위가 국가배상의 원인이 되는 불법행위를 이루는가에 대한 판단은 겨우 여섯 줄짜리 한 문장으로 처리된다. 긴급조치가 위법해 무효라 하더라도, 대통령이 그 긴급조치를 선포한 행위는 "고도의 정치성을 띤 국가 행위"이기 때문에 대통령은 정치적 책임은 몰라도 "국민 개개인에 대한 관계에서 민사상 불법행위를 구성한다고는 볼 수 없다"는 것이 그나마 내용이다. 한마디로 밑도 끝도 없는 판단이다.

실제 '고도의 정치성을 띤 국가 행위'라는 개념은 소위 통치행위라는 이름으로 대통령과 같은 국가 최고기관의 행위에 면죄부를 주던 구시대의 유물이다. 그것은 '한국적 민주주의' 혹은 '영도자적 민주주의'를 외치던 시절의 권력 논리를 구성하는 허위의식일 뿐, 오늘날 민주화 시대와는 결코 어울리지 않는 담론이다. 그러기에 헌법재판소는 이런 통치행위에 대해 스스로 판단하고 그 위법성을 지적해왔었다. 대법원도 이미 통치행위라 하더라도 그에 맞서 "기본권 보장, 법치주의 이념을 구현할 법원의 책무를 포기해서는 아니 된다"(대법원 2010.12.16. 선고 2010도5986 판결)고 선언한 적이 있다. 더구나 통치행위론은 그 행위의 효력과 관련한 부분에서나 거론할 일이지 이렇게 사법의 영역에서 그로 인해 불법한 손해를 입은 개개인에게 국가가 배상해야 하는지를 판단하는 상황에다 갖다 붙일 일은 아니다.

그러다 보니 이번 대법원 판결은 법리나 선례에도 맞지 않는, 문자 그대로 순 억지 판결이나 다름없게 됐다. 긴급조치는 위법인데 그것을 선포한 행위는 합법이 된다고 판단하려면 적어도 선포자인 대통령은 고의나 과실도 없이 오로지 국가를 위한 순수한 일념 하나로 그렇게 했다는 것을 증명이라도 했어야 하는데, 이번 재판부는 그런 증명 노력조차도 하지 않는다.

실제 대통령은 헌법을 수호할 의무를 진다. 여기에 수많은 보좌진과 전문 지식을 갖춘 관료의 도움을 받는다. 그런 대통령이 자신이 발령한 긴급조치가 어떤 면에서 불법하며 왜 문제인지를 알지 못했다면, 즉 고의나 과실이 없었다면, 그 사람은 자기가 무슨 짓을 하는지 전혀 모르는 바보이거나 자기기만의 무의식에 사로잡힌 정신이상자일 가능성이 높다. 어쩌면 이렇게 엄청난 판단을 단 여섯 줄로밖에 표현하지 못한 것은 이딴 억지에 대한 대법관들의 자의식이 작용한 것일지도 모른다.

소멸시효 완성 여부

소멸시효에 관한 판단도 마찬가지로 독단으로 일관했다. 수사권이 없는 중앙정보부 소속 공무원이 원고를 구금한 것은 불법행위이기는 하지만 시효는 구금에서 풀려난 즉시 시작되는 것이라고 봐야 한다는 것이 이번 대법원의 판단이다. 유죄 판결을 받으면 재심 절차에 의해서만 자신의 억울함이 증명되기에 재심 판결이 나온 이후부터 시효가 시작되지만, 이번 사건의 경우 유죄 판결을 받지 않았기 때문에 따로 재심 결정을 기다릴 이유가 없다고 본 것이다.

이런 대법원 판단은 앞선 판례를 정면에서 위반한다. 여태까지 법원은 권위주의 체제의 폭력에 희생된 이들이 국가배상 청구를 실질적으로 할 수 있는 시기가 그 폭력이 있은 날이 아니라 그것이 불법하다는 것을 국가가 선언한 때, 즉 재심 판결이 나오거나 진실·화해를 위한 과거사정리위원회의 결정이 있은 때라는 점을 명백히 한 바 있다. 이러한 기준에 의하면 이번 사건의 경우 시효는 빨라야 긴급조치가 위헌 무효로 판결된 2010년 12월 16일부터 시작돼야 한다. 그렇게 판단하는 것이 불법적인 폭력을 휘두른 국가가 할 수 있는 최소한의 양심선언이다.

대법원은 이마저도 외면했다. 통상임금 사건에서 힘없는 노동자들에게는 그렇게도 엄격히 적용되던 신의칙(신의 성실의 원칙)이 정작 국가가 저지른 불법행위에 대해서는 물러 터진 솜방망이 격이 돼 아무런 의미도 갖지 못한다. 국가는 국민의 신뢰와 신임에 토대해 존재한다. 그것이 민주적 법치의 핵심이다. 개인의 거짓말은 참을 수 있지만 국가의 거짓말은 용인될 수 없는 것이 법치국가의 기본 틀이라는 것이다. 신의칙은 개인보다는 국가에 더 강하게 적용돼야 한다. 하지만 이번 판결은 법치국가적 정의의 요청을 정반대로 치받았다. 국가가 한 개인에 대해 행한 무지막지한 폭력을 반성하고 처단하기는커녕,

그것에 대해 항의하는 피해자의 목소리조차 막아버리는 파렴치를 대법원은 '신의 성실'이라는 미사여구로 덮고 있다.

　실제 그동안 양승태 대법원장이 '지휘'하는 대법원은 수많은 퇴행적 판결을 내어놓았다. 약자일수록 엄격한 법 논리를 적용해 통상임금 법리의 본질을 왜곡한 판결이나 KTX 여승무원들의 근무 행태가 왜 불법파견에 해당하지 않는지조차 분명하게 밝히지 못한 판결, 중소기업의 피와 땀을 빨아먹은 키코 사건 판결, 거의 법을 창조하는 수준에 이른 이석기 전 의원 등에 대한 내란선동죄 유죄 판결 등. 그동안 어렵사리 이뤄놓은 민주화의 성과를 일거에 무너뜨리는 판결이 적지 않았다. 대법원의 판결이 정치적 보수화의 단계를 넘어서서 민주화에 대한 반동의 수준에까지 이르고 있는 것이다.

　여기에 이번 국가배상 사건 판결은 그 정점을 달린다. 대법원이 정치 사법, 계급 사법의 선두를 이끌면서 권력과 자본의 이익에 봉사해왔던 그동안의 법 왜곡이 이제는 과거사의 문제에까지 확장된다. 역사 자체를 그 과거사가 현재적 폭력으로 전횡하던 시절로 되돌려 놓으려 한다. 5·16이 쿠데타인지 혁명인지를 묻는 질문이 국회 인사청문회의 단골 메뉴가 돼버린 이 시점에서, 대법원은 자신이 이미 위헌 무효라고 판단했던 긴급조치의 불법성을 새삼 부정함으로써 또 하나의 친위 쿠데타의 결과인 유신 체제를 다시 정당화하고 나섰다. 마치 재물에 눈멀어 면죄부를 남발하던 중세의 교회처럼, 반문명의 시절로 되돌아간 대법원은 권력에 눈멀어 적나라한 국가 폭력에 면죄부를 주고 있다. 사법부 내에서 미진했던 과거사 청산의 과오가 이제

양승태 대법원의 과거 회귀라는 또 다른 과거사를 만들어내고 있는 셈이다. 그런 가운데 우리의 민주주의는 시나브로 스러져가고 있다.

대법원 3부(주심 권순일) 2015.3.26. 선고 2012다48824 판결

KTX 승무원 대법원 판결,
현대차와 달랐던 이유

: KTX 승무원 대법원 판결

이용우 변호사(민주사회를위한 변호사모임 노동위원회)

하청 업체인 홍익회나 철도유통에 소속돼 KTX 열차에서 객실 서비스 업무를 담당하던 KTX 여승무원들은 자신들이 한국철도공사 열차팀장 등 정규직과 함께 같은 열차에서 근무하며 한국철도공사 측의 지휘·감독을 받으므로 한국철도공사와 묵시적 근로계약 관계에 있거나 근로자 파견에 해당한다고 주장하며 2008년, 2009년 한국철도공사를 상대로 두 건의 근로자지위 확인소송을 제기했다. 2015년 2월 26일 대법원은 승무원들의 주장을 모두 부인하는 판결을 선고했다.

'도급'이란 수급인이 독립적이고 독자적으로 업무를 수행해 일을 완성하면 도급인이 보수를 지급하는 민법상 전형계약의 일종이다. '묵시적 근로계약 관계'는 도급의 형식을 취하더라도 수급인이 사실상 실체가 없고 도급인이 수급인에 소속된 노동자에게 실질적으로 업무 지시와 지휘·감독 등을 해 수급인이 도급인의 노무 대행 기관에 불과한 경우를 말한다. '근로자 파견'은 파견 업체가 고용한 노동자에게 사용 업체가 업무 지시를 내리고 지휘·감독을 하는 것을 말한다. 최근 노동법상 사용자의 책임을 회피하기 위해 도급(또는 위탁)의 형식을 취하지만 실제로는 묵시적 근로계약 관계나 근로자 파견에 해당하는 위장 도급이 만연하고 있다. 이번 사건의 쟁점도 KTX 승무원들의 업무가 묵시적 근로계약 관계나 근로자 파견에 해당하는지를 판단하는 것이었다.

KTX 승무원들의 주요한 근무 실태를 보면 열차에서 안전 업무를 담당하는 열차팀장과 객실 서비스를 담당하는 승무원들의 업무 영역과 근무 실태가 실제로는 중복되는 측면이 많았다. 또 한국철도공사가 승무원들의 채용과 교육, 징계 등에 관여하며 사실상 승무원들의 임금 수준, 근무 장소와 근무시간까지 결정하는 것으로 보였다. 복장과 헤어스타일, 업무 수행 방법 등에 대한 구체적인 지침을 마련하는 등 공사가 하청 업체인 홍익회나 철도유통 소속 노동자인 승무원들에게 상당한 정도의 지휘·명령을 한 징표가 확인되기도 했다. 이러한 이유에서 소송이 제기되기 전부터 노동부는 승무원과 열차팀장이 독립적인 업무 수행을 한다는 것이 어렵다는 판단을 했고, 법원도 일련의 사건에서 수차례 한국철도공사와 승무원들 간의 묵시적 근로계약 관계를 인정한 바 있다. 이번 대법원 판결과 원심 판결조차 이러한 승무원들의 근무 실태는 인정했다.

근로자 파견 여부에 관한 판단

우선, 이번 대법원 판결에서 근로자 파견 여부를 판단할 때 제시한 기준을 보자. 계약의 명칭이나 형식이 아니라 사용 사업주가 파견 노동자에게 상당한 지휘·명령을 했는지, 하나의 작업 집단으로 구성돼 직접 공동 작업을 하는 등 파견 노동자가 사용 사업주의 사업에 실질적으로 편입되었는지, 파견 사업주한테 인사·노무 관리상의 독립성이 인정되는지, 계약 목적의 특정성과 전문성 및 기술성이 있는지, 파견 사업주가 독립적인 기업 조직이나 설비를 갖추고 있는지 등이다.

하지만 이는 근로자 파견 여부를 판단할 때 나오는 일반적인 기준도, 적절한 기준도 아니다. 기준이 무엇보다도 파견법(파견근로자 보호 등에 관한 법률)에서 정한 '근로자 파견'의 개념(파견 사업주에 고용된 후 사용 사업주의 지휘·명령을 받아 사용 사업주를 위한 근로에 종사)에서 도출돼야 하는데도 이번 판결은 이런 개념과 관련되지 않은 징표들을 내세웠다. 즉 사용 사업주의 사업에 편입됐는지나 혼재 작업과 연관 공정에 참여했는지를 판단 기준으로 제시하고 있다. 예컨대 같은 날 선고된 현대자동차 사내하청 판결(2010다106436)에서는 정규직과 혼재되지 않고 독립적인 공정의 업무를 수행해도 근로자 파견이라고 인정했다. 이에 따라 파견법상 정의에 따르면 근로자 파견에 해당하는 것도 대법원의 판단 기준에 따르면 근로자 파견으로 인정되기 어려운 경우가 생길 수 있다. 실제로 이번 판결은 이러한 엄격한 기준에 따라 승무원들의 업무가 근로자 파견이 아니라고 판단했다.

또 대법원은 핵심적인 요소와 부차적이고 정황적인 요소를 구별하지 않고 여러 요소를 단순히 평면적으로 나열함으로써, 어떤 요소를 충족할 경우 근로자 파견에 해당하는지를 자의적으로 판단할 여지를 남겨두었다(이는 과거 대법원이 근로자성을 판단할 때 제시한 기준에 대해 학계에서 많은 비판을 받은 것과 유사한 맥락이다).

이번 대법원 판결은 판단 기준 자체가 문제 있을 뿐 아니라 그 기준을 형식적이고 자의적으로 적용했다는 점도 문제가 된다. 앞서 언급했듯이 이번 대법원 판결과 원심 판결 모두 인정한 승무원들의 근로 실태 등을 살펴보면 형식적이고 부차적인 도급의 징표도 일부 발견되기는 하지만 근로자 파견의 징표가 상당수 발견된다. 도급의 징표는 경제적으로 우월한 지위에 있는 한국철도공사가 책임을 회피하려는 차원에서 임의로 변경하거나 실제와는 다르게 기재한 서류상 문언에 불과한 면이 강하다는 점을 감안하면, 형식적인 판단이 아닌 실질적인 판단을 해 다른 결론을 도출했어야 한다.

더 나아가 대법원 판결과 원심 판결은 도급의 징표와 근로자 파견의 징표를 병렬적으로 나열하고서, 특별한 논리적 근거 없이 도급의 징표에 무게를 싣거나 별다른 설명 없이 바로 근로자 파견을 부정하는 매우 자의적인 판단을 했다.

특히 근로자 파견을 판단하는 핵심은 사용 사업주가 파견 노동자에게 지휘·명령을 했는지에 달렸는데, 이때 지휘·명령의 내용은 과거 전통적인 고용관계에서 보이는 직접적·구체적·개별적 지휘·감독이 아니라 간접적·포괄적 지휘·감독까지를 포함해야 한다. 지휘·명령의 내용을 전통적인 방식에 따라 엄격히 판단했다는 점에서도 이번 판결은 문제가 있다.

근로자 파견의 징표와 도급의 징표가 혼재할 경우, 직접고용의 원칙과 중간착취 배제라는 노동법의 대원칙에 비춰보더라도 도급으로 쉽게 결론을 내려서는 안 된다. 이번 대법원 판결은 도급의 외연을 자의적으로 지나치게 확대함으로써 근로자 파견임을 쉽게 부정했다. 노동법의 대원칙에 대해 신중히 고려하지 않았다는 점에서도 아쉬운 판결이 아닐 수 없다.

묵시적 근로계약 관계에 대한 판단

간접고용이 만연하고 그 폐해가 극심해지면서 노동조건이 악화되고 탈법적 행태를 규제하는 일이 절실한 지금, 과거의 지나치게 엄격한 법리를 고수했다는 점에서도 문제가 있다. 설령 기존의 묵시적 근로계약 관계 법리를 그대로 유지하더라도 채용과 승진, 징계, 지휘·감독, 노동조건에 대한 영향력, 하청 업체의 독립적인 물적 기반 등을 고려하면 이번 사건에서는 충분히 묵시적 근로계약 관계를 인정할 수 있었다. 하지만 대법원은 역시 형식적인 징표와 서류상 문언에 지나치게 주목해 실질적 판단을 하지 못했다.

서비스업에서 원청 업체는 말 그대로 고객에 대한 서비스를 통해 이윤을 추구한다. 따라서 형식적으로 하청 업체가 고객에 대한 서비스를 직접 담당한다고 하더라도 이윤 추구를 위해 원청 업체는 하청 업체에 대한 지휘·감독을 지속적으로 하지 않을 수 없고, 현실 또한 그렇다. 이번 판결은 승무원들의 근무 실태와 원·하청의 사업 운영 실태 중 형식적인 요소에 지나치게 주목해 자의적인 판단을 하는 우를 범하고 말았다.

대법원 1부(주심 고영한) 2015.2.26. 선고 2011다78316 판결
대법원 1부(주심 고영한) 2015.2.26. 선고 2012다96922 판결

위원회의 회의 내용 공개를 바라보는
법원의 불안한 눈

: 변호사시험 관리위원회 회의록과 회의 자료 비공개 결정

경건 교수(서울시립대 법학전문대학원)

변호사시험 합격자가 어떻게 결정되는지 혹시 궁금하지 않으세요? 이제는 많은 사람이 알고 있듯이 로스쿨(법학전문대학원)을 졸업해야만 변호사시험에 응시할 수 있습니다. 그러면 매년 초 한 차례 실시되는 변호사시험의 합격자는 어떻게 결정될까요? 시험을 치러 일정한 점수를 받으면 다 변호사가 될까요? 아니면 매년 변호사가 될 수 있는 사람의 수를 먼저 정하고 나서 1등부터 그 수만큼만 합격을 시키는 걸까요?

참여연대도 그게 궁금했나 봅니다. 게다가 점수를 정하는 방식이면 그 점수는 어떻게 정하는지, 변호사 수를 정하는 방식이면 그 수는 어떻게 정하는지, 그리고 점수든 수든 누가 어떤 과정을 거쳐 정하고 또 결정자는 어떤 것을 고려해 결론에 이르는지 궁금했습니다. 변호사시험을 주관하는 기관은 법무부이고, 합격자를 결정하는 곳은 법무부에 설치된 변호사시험 관리위원회입니다. 참여연대는 2013년 5월 2일 법무부에 2010년 9월부터 2013년 4월까지 열린 7차례 위원회의 회의록과 위원회에 제출된 회의 자료를 공개하라고 청구했습니다.

일주일 뒤인 5월 9일 법무부는 자료 공개를 거부했는데, 그 법적 근거로 정보공개법(공공기관의 정보공개에 관한 법률) 제9조 1항에 규정된 비공개 사유 가운데 하나인 '의사 결정 과정에 있는 사항으로서 공개될 경우 업무의 공정한 수행에 현저한 지장을 초래한다고 인정할 만한 상당한 이유가 있는 정보'를 들었습니다. "회의록 등 회의 자료가 공개될 경우 위원들의 전문적이고 소신 있는 의견까지도 불필요하게 오해를 받는 등 위원회 활동에 심각한 지장을 초래할 수 있기 때문에" 공개할 수 없다는 것이었습니다.

이러한 법무부의 반응을 받아들일 수 없었던 참여연대는 2013년 8월 법무부장관을 상대로 서울행정법원에 공개거부 결정의 취소를 구하는 소송을 제기했고, 2014년 4월 참여연대의 주장을 거의 그대로 받아들이는 1심 판결이 나왔습니다. 이번에는 법무부장관이 불복했고, 서울고등법원은 2014년 12월 1심 판결과는 달리 법무부의 공개거부 결정이 대부분 정당하다는 취지의 2심 판결을 했습니다.

먼저, 두 법원의 결론, 즉 얼마만큼 공개하고 어느 부분을 비공개할지에 대한 판단을 볼까요.

1심을 맡은 서울행정법원은, 회의 자료는 모두 공개하고 회의록의 경우에는 발언자의 인적 사항(소속, 직위, 성명)을 제외한 발언 내용도 모두 공개해야 한다고 해, 당초 참여연대가 공개 청구한 정보의 거의 전부를 공개해야 한다고 판단했습니다.

2심 판결을 한 서울고등법원은, 회의록은 모두 비공개하고 회의 자료도 일부(18건 자료 가운데 11건)만 공개하는 것으로 결론 내렸습니다.

이번엔 다른 방식으로 볼까요. 공개 청구한 정보 가운데 회의록과 관련해서는, 1심 법원은 발언자의 인적 사항을 지우고 발언 내용은 모두 공개하라는 입장인 반면, 2심 법원은 (발언자의 인적 사항은 물론이고) 발언 내용 역시 공개해서는 안 된다는 입장입니다. 즉 발언자의 인적 사항을 지워 발언자가 누구인지 알아볼 수 없게 하면 공개해도 무방하다는 것이 1심 법원의 입장이고, 발언자가 누구인지 알아볼 수 없더라도 회의록에 기재된 발언 내용은 외부에 공개돼서는 안 된다는 것이 2심 법원의 입장입니다.

다음으로, 회의 자료와 관련해서 보면 2심 법원 역시 공개할 필요를 인정한 것이 11건(변호사시험 관리위원회 운영 규정, 변호사시험 시행 시기, 변호사시험 준비 현황, 답안 작성 프로그램 이용 시험 보류, 변호사시험 관리위원회 소위원회 활동 결과, 법학전문대학원 졸업 예정자 응시 자격 부여, 변호사시험 성적 비공개, 변호사시험 시행 방안, 2012년 시행 1회 변호사시험 준비 상황, 변호사시험 관리 기준)이고, 나머지 7건의 회의 자료의 경우 공개해야 한다는 1심 법원의 입장과 공개해서는 안 된다는 2심 법원의 입장이 대립하고 있습니다.

회의 자료의 제목만으로 그 내용의 세세한 것까지 알 수는 없겠지만, 2심 법원이 공개해서는 안 된다고 판단한 7건의 회의 자료는 다음과 같습니다. 합격자 결정 방법 연구를 위한 소위원회 구성, 법조

윤리 시험 준비 및 출제 기준, 변호사시험 합격자 결정 방법, 2012년 1회 변호사시험 합격자 결정(안), 2013년도 변호사시험 합격자 결정 방법, 2013년 2회 변호사시험 합격자 결정(안), 2014년도 이후 변호사시험 합격자 결정 방법. 회의 자료의 제목을 봐서는 변호사시험의 합격자 결정 방법과 그에 따른 개별 변호사시험 합격자 결정(안)이 2심 법원이 비공개 정보로 판단한 내용입니다.

두 법원의 판단의 출발점에 대한 의문

1심 법원의 판결과 2심 법원의 판결은 결론, 즉 정보공개 여부와 범위에서는 차이를 보이지만, 출발점, 즉 전제에서는 몇 가지 공통점이 있습니다. 결론부터 말하면 종결된 회의의 회의록과 회의 자료도 의사 결정 과정에 있는 사항에 준해 비공개 대상이 된다고 보고 있습니다. 이러한 시각은 대법원 판례에 따른 것인데, 대법원은 이미 10여 년 전부터 "의사 결정 과정에 제공된 회의 관련 자료나 의사 결정 과정이 기록된 회의록 등은 의사가 결정되거나 의사가 집행된 경우에는 더 이상 의사 결정 과정에 있는 사항 그 자체라고는 할 수 없으나, 의사 결정 과정에 있는 사항에 준하는 사항으로서 비공개 대상 정보에 포함될 수 있다"고 말하고 있습니다.

대법원의 이러한 판단이 옳은지는 의문입니다.

첫째 정보공개 청구권 또는 정보공개 제도는 국민의 알 권리를 실현하기 위한 것인데, 알 권리는 헌법상 기본권의 지위를 가진다고 보는 것이 일반적입니다. 그렇다면 알 권리 또는 정보공개 청구권을 제한하는 기능을 하는 비공개 사유는 법률에 의해서만 규정할 수 있다고 봐야 합니다. 그래서 정보공개법은 제9조 1항 단서에서 여덟 가지 비공개 대상 정보를 명시적으로 정하고 있으며, 정보공개법 이외의 비공개 사유의 규정은 '다른 법률 또는 법률에서 위임한 명령(국회규칙·대법원규칙·헌법재판소규칙·중앙선거관리위원회규칙·대통령령 및 조례로 한정한다)'의 형식에 의할 때만 허용됩니다.

따라서 정보공개법 제9조 1항의 단서 5호가 '의사 결정 과정 또는 내부 검토 과정에 있는 사항'이라고 명백히 한정하고 있는데도 의사가 결정되거나 의사가 집행된 경우를 의사 결정 과정에 있는 경우에 준해 비공개 대상 정보에 포함될 수 있다고 해석하는 것은, 기본권을 제한하는 법률 규정은 엄격히 제한적으로 해석해야 한다는 원칙에 비춰볼 때 타당하다고 볼 수 없습니다.

둘째 설사 정보공개법에 규정된 비공개 사유가 한정적인 것이 아니라 예시적인 것이라 볼 수 있고, 또 그렇게 봐야 할 필요를 인정할 수 있다고 하더라도, 이미 결정되거나 집행된 의사 과정을 비공개로 보호할 필요성이, 의사 결정 과정이나 내부 검토 과정에 있는 사항을 비공개로 보호할 필요성과 같거나 유사할 수는 없습니다.

의사 결정 과정이나 내부 검토 과정에 있는 사항을 비공개하는 이유는 의사 결정 과정에 참여하는 사람들에게 자유롭고 솔직한 의사 표현을 가능하게 함으로써 내실 있는 토론을 도모하거나, 미확정 상태에서 논의가 외부에 유출됨으로써 오해나 혼란이 생기는 것을 방지하기 위해서입니다. 그런데 이미 결정되거나 집행된 의사 과정에서 나온 논의를 공개하거나 비공개한다고 하더라도, 더 이상 보호할 내부의 토론 과정이나 방지할 외부의 오해 및 혼란의 영향이 없다는 점에서, 의사 결정 과정에 있는 사항에 준하는 비공개 대상이라고 보는 대법원의 시각은 타당하지 않습니다.

앞에서 봤듯이, 이번 사건에서 피고인 법무부장관은, 공개 청구한 회의록과 회의 자료는 '의사 결정 과정에 있는 사항으로서 공개될 경우 업무의 공정한 수행에 현저한 지장을 초래한다고 인정할 만한 상당한 이유가 있는 정보'에 해당한다는 이유로 공개를 거부했습니다. 그런데 참여연대가 공개 청구한 시점인 2013년 5월 2일이나 법무부가 공개를 거부한 시점인 2013년 5월 9일은 모두 2회 변호사시험의 합격자 발표 시점(2013년 4월 26일) 이후이기 때문에, 2010년 9월 개최된 1차 회의부터 2012년 3월 개최된 6차 회의까지는 말할 것도 없고, 2013년 4월 개최된 7차 회의도 이제는 더는 '의사 결정 과정에 있는 사항'에 해당한다고 볼 수 없습니다.

또 변호사시험은 매년 실시되는 시험이고, 위원회의 합격자 결정 방법 심의도 매회 변호사시험 합격자 발표에 즈음해 행해지는 것이기 때문에, 이미 실시돼 합격자 발표까지 이뤄진 특정 회차 변호사시험의 합격자 결정 방법의 심의를 위한 회의에 제출된 회의 자료와 회의에서의 발언 등을 기록한 회의록을 공개한다고 해서 시험 업무에 지장이 생길 것은 없다고 봐야 할 것입니다.

2심 법원의 판단에 대한 추가적인 의문

1심과 2심 판결이 서로 다른 결론에 이른 과정을 살펴보면 흥미로운 점이 하나 발견됩니다.

우선 두 법원의 판단 과정을 보면, 두 법원 모두 비공개로 열람·심사의 과정을 거친 것으로 보입니다. 비공개 열람·심사는 정보공개법이 둔 특이한 절차인데, 재판장은 필요하다고 인정하면 공공기관에 공개 청구 정보를 법원에 제출하게 하고, 당사자를 참여시키지 않은 상태에서 제출된 정보를 비공개로 열람·심사 할 수 있습니다. 법원이 정보를 직접 열람해 공공기관이 주장하는 비공개 사유가 실제로 존재하는지 판단한다는 점에서 유용한 제도라 할 수 있습니다.

이처럼 두 법원이 모두 비공개 열람·심사 과정을 거쳤는데도 결론이 달라진 것은, 정보의 내용에 대한 인식이 달라서라기보다 정보공개가 가져올 가상의 결과에 대한 예측이나 결과의 의미에 대한 평가가 달라서라고 봐야 할 것 같습니다.

앞에서 본 것처럼, 이번 사건에서 핵심적 쟁점은 (의사 결정 과정에 있는 사항에 준하는 것으로 판단되는) 이미 결정되었거나 집행된 의사 과정에 제공된 자료나 의사 과정에서의 논의를 기록한 회의록을 공개하면 공정한 의사 결정에 현저한 지장이 초래될 것이냐고, 2심 법원의 예측이나 평가는 사회적 혼란과 갈등이 생기리라는 것입니다. 2심 법원의 입을 빌려 표현하면, "회의록에 대립되는 의견이나 최종 결론과는 다른 내용이 포함되어 있는데도 이를 공개한다면, 이로 인해 우리 사회에 불필요한 논란이 초래될 수도 있고, 위원회에 참여하는 위원들이 외부나 내부의 부당한 압력이나 비난에 휘말리게 되거나, 공개로 인한 심리적 부담이 생겨 향후 위원회에서 솔직하고 자유로운 논의를 하는 데 장애 요소로 작용할 수밖에 없을 것"이라 보고 있습니다.

위원회 또는 합의제 방식의 의사 결정에 대한 2심 법원의 이러한 인식은 매우 실망스럽습니다. 위원회 또는 합의제는 본질적으로 다양한 의견(경우에 따라서는 갈등)이 존재하고 토론과 합의를 거쳐 결론을 도출하는 것을 전제로 하는 것입니다. 따라서 '회의록에 대립되는 의견이나 최종 결론과는 다른 내용이 포함되어 있는' 것은 자연스러운 일이며, 논의 과정에서 여러 의견이 대립되고 최종 결론과는 다른 내용이 주장되는 것도 당연한 일입니다. 무엇보다 우려스러운 것은 그런 의견 대립이나 결론과는 다른 의견의 존재를 '불필요한 논란'으로 보는 2심 법원의 인식입니다. 일사불란만이 미덕이고, 서로 다름은 혼란의 다른 이름이라는 것이지요. 말 한마디를 갖고 너무 과장하는 것 아니냐고 비난을 받을지도 모르지만, 2심 법원은 우리 사회와 구성원, 즉 시민들에 대한 믿음이 없는 듯합니다. 시민들은 위원들에게 '부당한' 압력이나 비난을 가하는 존재이고, 위원들은 '공개로 인한 심리적 부담'이 생겨 위원회에서 솔직하고 자유로운 논의조차 하지 못하는 존재로 치부하고 있으니까요.

1심 법원과 2심 법원 사이에는 공개 청구 정보의 내용 파악에 차이가 있는 것이 아니라 이해관계가 얽혀 있는 주제와 관련한 공동체 내의 의사 결정 과정을 보는 인식에 차이가 있습니다. 2심 법원이 다른 결론에 도달하게 된 데에는 논리의 차이가 있었던 것이 아니라, 인식의 차이가 있었던 것이 아닌가 싶습니다.

이야기를 시작할 때에는 저 역시 변호사시험 관리위원회가 변호사시험 합격자를 결정한 기준이나 방법이 궁금했습니다. 변호사시험 응시자의 75퍼센트라는 합격률은 어떤 근거에서 나온 수치인지, 매년 1500명 내외의 합격자 수는 어떠한 정책적 고려에 기인한 것인지, 또 이처럼 수를 미리 정해놓고 합격 여부를 결정하는 방식이 자격시험으로서의 변호사시험의 본질에 위배되는 것은 아닌지 등이 궁금했고, 그래서 이러한 의문과 관련해 위원회에서 위원들은 어떠한 토론을 했는지 알고 싶었습니다.

이제 이야기를 끝내야 할 시점에서 궁금한 것이 하나 더 생겼습니다. 참여연대와 법무부 모두 서울고등법원의 판결에 불복해 상고했다는데, 과연 대법원은 어떤 판결을 할지 궁금합니다. 대법원은 하급심의 서로 다른 판단 중에 어느 쪽의 손을 들어줄까요? 대법원은 위원회의 본질에 대해 어떻게 생각할까요? 대법원은 공개로 인해 혼란과 갈등이 생기는 것에 대한 소극적 예측과 적극적 예측이 병존하는 상황에서, 조금이라도 혼란과 갈등의 우려가 있다면 공개해서는 안 된다고 말할까요, 아니면 혼란과 갈등의 우려가 명백하지 않다면 국민의 알 권리가 우선돼야 한다고 말할까요? 궁금한 것이 참 많습니다.

서울고등법원 행정9부(재판장 이종석) 2014.12.4. 선고 2014누47909 판결

후기: 2015년 4월 23일 대법원 판결이 나왔습니다(대법원 2015.4.23. 선고 2014두47655 판결). 별다른 설명 없이 원고인 참여연대와 피고인 법무부장관의 상고를 모두 기각하고, 그러니까 2심인 서울고등법원의 판결을 그대로 유지했습니다. 대법원이 어떤 판단을 할지에 대한 궁금함은 해소되었지만, 변호사시험 관리위원회가 변호사시험 합격자를 어떤 기준과 방법에 따라 결정했는지에 대한 참여연대와 저의 궁금함은 여전히 남게 되었습니다. 어떤 궁금함은 시간이 지나면 해결되지만, 또 다른 궁금함은 법원이 변하지 않는 한 해소되지 않는군요.

현재의 판결, 판결의 현재 1
판결비평 2015~2019

2023년 11월 23일 1판 2쇄 발행
2019년 8월 5일 1판 1쇄 발행

지은이 참여연대 사법감시센터
펴낸이 임후성 **펴낸곳** 북콤마
디자인 *sangsoo* **편집** 김삼수

등록 제406-2012-000090호
주소 (413-756) 경기도 파주시 문발동 파주출판단지 534-2 201호
전화 031-955-1650 **팩스** 0505-300-2750
이메일 bookcomma@naver.com
블로그 bookcomma.tistory.com

ISBN 979-11-87572-17-6 04300
　　　 979-11-87572-43-5 (세트)

, BOOKCOMMA